Mr. Evineの中学英文法クイック・チェック

Evine 著

 # 初めまして！
Evine（エヴィン）です。

この本を手にしていただき、ありがとうございます。私は神戸、大阪で「やりなおし英語JUKU」という学校を主宰しています。主に社会人の英語の学び直しをお手伝いしているのですが、多くの生徒さんが入会時に持っている悩みを2つ、紹介しましょう。

「**初めて見る英文が、すぐに理解できません。既に学んだ文法が使われているのに、なぜでしょうか**」

「**どんなに文法を勉強しても、実際に英語を使えるようになりません**」

中学校までの英文法で基本は十分押さえているはずなのに、どうしてこんな症状が出てくるのでしょうか。

大きな原因は、文法項目ごとに出題される、正解の予測しやすい問題を解くのに慣れてしまったこと。そのため、「**本当はどこまで分かっているか**」「**どこが理解不足なのか**」を把握できていないことです。そんな学習者に必要なのは、**自己点検して理解の穴（＝弱点）を発見すること**。この段階なくして、真に使える文法力は身に付きません。

そこで本書では、真の理解力のチェックのため、日本人学習者が間違えやすい文法を集中的に取り上げるとともに、文法項目を順不同にシャッフルして出題しています。また、扱う英文はどれも日常生活に絡めたトピックばかりですので、ゲーム感覚で楽しみながら、**正しい文法を瞬時に判断する力**が鍛えられますよ。では、Let's get started!

Contents

- この本の使い方 ………… 6
- ざっくりおためし！
  サンプル問題 ………… 11

Stage 1
正しいのはどっちだ？
—— 二択問題 ——

- Stage 1 の進め方 ………… 14
- ドリル 1 ………… 15
- ドリル 2 ………… 21
- ドリル 1 & 2　記録表 ……… 27

- ドリル 3 ………… 29
- ドリル 4 ………… 35
- ドリル 3 & 4　記録表 ……… 41

- ドリル 5 ………… 43
- ドリル 6 ………… 49
- ドリル 5 & 6　記録表 ……… 55

Stage 2
間違いを探そう！
—— 正誤問題 ——

- Stage 2 の進め方 ………… 58
- ドリル 1 ………… 59
- ドリル 2 ………… 65
- ドリル 1 & 2　記録表 ……… 71

- ドリル 3 ………… 73
- ドリル 4 ………… 79
- ドリル 3 & 4　記録表 ……… 85

- ドリル 5 ………… 87
- ドリル 6 ………… 93
- ドリル 5 & 6　記録表 ……… 99

Stage 3

パズルで文を完成！
―― 並べ替え問題 ――

Stage 3 の進め方 …………102
ドリル 1 …………………103
ドリル 2 …………………109
ドリル 1 & 2　記録表 ………115

ドリル 3 …………………117
ドリル 4 …………………123
ドリル 3 & 4　記録表 ………129

ドリル 5 …………………131
ドリル 6 …………………137
ドリル 5 & 6　記録表 ………143

成績表 ……………………144

スキッとおまとめ
総合解説
…………………145

この本の使い方

学習スタートの前に、基本的なプロセスを押さえましょう。

3分間でできる実力判定
── ドリルの進め方

まず、問1〜5を解きます。解答時間の目標は1分。※
できるだけスピーディーに、一気に5問を解くつもりで取り組みましょう。
※答え合わせや復習に要する時間は含みません。

「シャッフル出題」でいざ力試し！
どんな問題が出るか分からない

- カードを切り混ぜ（**シャッフル**）展開するように、さまざまな文法が**順不同に出題**されます。予測不可能な問題に素早く答えられるかどうかで、自分の本当の実力が分かります。
- **答えは鉛筆で書き込む**ことをお勧めします。書き込むことで自分の解答が記録に残り、どんなところが苦手なのかもはっきり見えてきます。

ここが**特長**

設問形式は3タイプ、合計270問

- Stage 1「二択問題」(90問)
- Stage 2「正誤問題」(90問)
- Stage 3「並べ替え問題」(90問)
  (各Stageのサンプル問題はp.11参照)

レベルは中学英語

本書では英語力の核（コア）となる中学3年分の文法を主に取り上げています。この学習範囲で苦手を克服することが、大人のやり直し学習のために重要です。

5問ごとに「さくっと答え合わせ」で正解を確認します。

引き続き、問6〜10を一気に解きます。解答時間の目標は、ここでも5問で1分です。

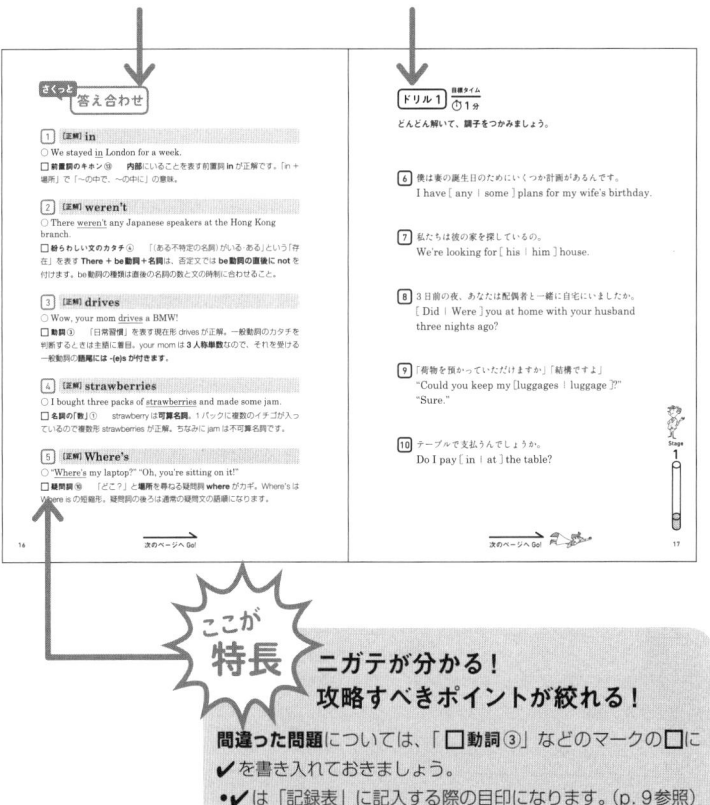

ここが特長 ニガテが分かる！攻略すべきポイントが絞れる！

間違った問題については、「□動詞③」などのマークの□に✔を書き入れておきましょう。

- ✔は「記録表」に記入する際の目印になります。(p.9参照)
- ③などの丸数字は文法を区分するこの本独自の番号で、巻末の「総合解説」(p.145)に対応します。

次のページに続く

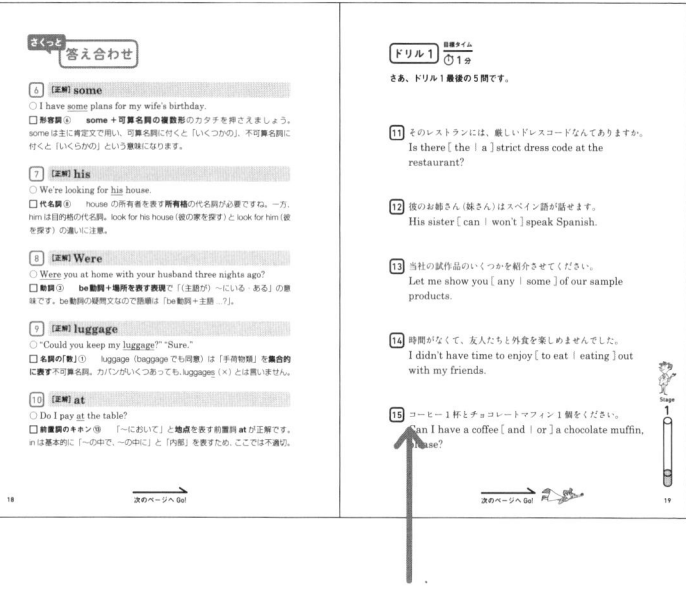

問6〜10の答え合わせの後、
問11〜15を解いてドリル終了です。

ドリル1つを3分で終了
忙しくてもムリなくできる

- ドリル1つは**15問**。これが**計3分**、つまり**カップラーメン級の短時間**で終了します。多忙なときも、これなら無理なくできるのでは？ 昼休みや就寝前など、細切れ時間の有効活用が可能です。
- 通勤時間を利用するのも良いアイデアです。例えば「1〜2駅でドリル1つをこなす」を日課にすれば、文法学習が無理なく習慣化します。

自己記録のススメ
——定期的な振り返りが英語力を磨く

ドリル2つ(計30問)ごとに、「記録表」が掲載されています。
「さくっと答え合わせ」のページで✔を付けた問題、つまり間違った問題を振り返り、この表に転記しましょう。

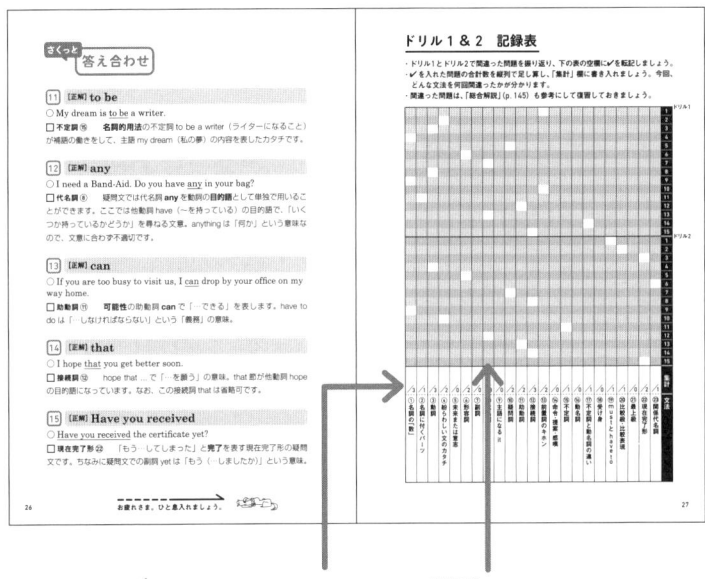

転記済みの✔の合計数を縦列で足し算し、「集計」欄※に書き込みましょう。どんな文法を何回間違ったかが分かり、補強する必要のある箇所が明らかになります。
※「集計」欄に既に印字済みの分母は、30問中の出題回数を示します。

【横列】
問題番号で区切られています。

【縦列】
文法項目で区切られています。
「文法」欄の丸数字は文法を区分する番号で、「総合解説」(p. 145) に対応しています。

次のページに続く

弱点を強みに変える
——「総合解説」でしっかりフォロー

間違った文法は放置せず、復習することが大切です。
理解のあやふやなところは巻末の「スキッとおまとめ　総合解説」(p. 145) で
チェックして、基本的な文法知識を整理しましょう。

ページ上部に付いているこの大きな数字は、
「さくっと答え合わせ」や「記録表」にある
丸数字に該当します。

① 名詞の「数」

数えられる名詞

1つ、2つと区別できる、つまり数えられる名詞（**可算名詞**）は単数形と複数形を区別するのが英語のルール。ショートケーキに1粒乗ったイチゴは単数形で a strawberry（1つのイチゴ）、果物屋で買うパック入りのイチゴは複数形で a pack of strawberries（1パックのイチゴ）のように使い分けます。なお、可算名詞には単数と複数の形が同じ（**単複同形**）ものもあるので注意してください。fish（魚）、deer（シカ）、sheep（ヒツジ）、means（手段）、species（種［しゅ］）などがその例です。

数えられない名詞

数えられない名詞（**不可算名詞**）は複数形にできません。不可算名詞の代表的な3タイプは以下のとおりです。
1. 境界がない、区別できない**液体や気体**：water（水）、soup（スープ）、oil（油）、air（空気）など
2. 人によってとらえ方の異なる**抽象概念**：love（愛）、nature（自然）、peace（平和）、truth（事実、真実）など
3. いくつか、何人かの**集合体**：furniture（家具類）、luggage または baggage（手荷物類）、money（お金）、poetry（詩歌）、jewelry（宝石類）、music（音楽）、audience（聴衆）など

② 名詞に付くパーツ

冠詞が名詞に付く——不定冠詞と定冠詞

可算名詞の単数で、相手にとって初めて聞く情報や特定できないものであれば、**不定冠詞** a または an（ある1つの）が付きます。可算名詞の複数形や不可算名詞の場合、特定できないなら冠詞なし（無冠詞）と分類できます。相手と共有している情報や特定できるものは定冠詞 the（その）が付きます。

分詞が名詞に付く——前置修飾と後置修飾

動詞の -ing 形や -ed 形を分詞と呼び、-ing 形を現在分詞、-ed 形を過去分詞と区別します。これらは形容詞と同様に、名詞の前に置いてその名詞を修飾できます（**前置修飾**）。
名詞と分詞の間には「主語と述語」の関係があります。「[名詞]が～する、…している」の関係なら現在分詞、「[名詞]が…された」(受け身や「[名詞]が…し終えた」(完了) なら過去分詞を用います。
なお、前置修飾できるのは分詞が1語の場合です。分詞が他の語句を伴いフレーズになると、名詞を後ろから修飾するパターン（**後置修飾**）に変わります。例えば a barking dog（ほえる1匹のイヌ）は前置修飾、a dog barking in the yard（庭でほえる1匹のイヌ）は後置修飾の関係です。

節が名詞に付く——後置修飾

節は「主語＋述語」を含む2つ以上の語のまとまりのこと。節は名詞を**後置修飾**できます。例えば、the dog I saw in the park（私が公園で見たそのイヌ）のように、ひとまとまりの節（ここでは I saw in the park）が名詞に情報を加えます。

本書で取り上げた文法について、基礎知識を
説明しています。
ドリルの答え合わせの際、また「記録表」で
集計した後や時間の余裕があるときなど、折
に触れ目を通しておきましょう。

では、実際にどんな問題が出題されるか
サンプル問題で体験してみましょう。

おためし！ サンプル問題

この本で出題される問題の例を Stage 別に紹介します。挑戦しましょう。

Stage 1　二択問題

日本語を参照し、英文の[　　　]の中にある2つの語句のうち、文法的に正しい方に丸を付けましょう。

私は将来的には海外で働きたいと思っています。
I want to work [overseas | in overseas] sometime in the future.

Stage 2　正誤問題

下の英文には間違いが1語含まれています。それはどこ？　日本語を参照して、間違っている語に下線を引きましょう。

普段、仕事帰りにはどこへ飲みに行ってるの？
What do you usually go for a drink after work?

Stage 3　並べ替え問題

日本語を参照して①〜④の語句を正しく並べ替え、□ に入る語句の番号を記入しましょう。

私のいとこは私より上手にギターを弾きます。
My cousin plays the 　□　　□ .
[①me　②guitar　③than　④better]

答えは次のページ

問題の次のページに、このように正解と解説が掲載されています。

Stage 1

[正解] overseas

○ I want to work <u>overseas</u> sometime in the future.

→ □ **副詞⑦**　overseas は「海外で」という意味の副詞。**副詞は単独で動詞を修飾します**。よって、work overseas で「海外で働く」という意味になり、場所を表す前置詞 in (〜の中で) は必要ありません。

Stage 2

[正解] (誤) What → (正) Where

○ <u>Where</u> do you usually go for a drink after work?

→ □ **疑問詞⑩**　「どこへ?」と聞いているので、**場所を尋ねる疑問詞 where** で始める英文に修正する必要があります。what は「何を?」を問う疑問詞なので、ここでは不適切です。

Stage 3

[正解] ④ better　① me

○ My cousin plays the guitar <u>better</u> than <u>me</u>.

→ □ **比較級・比較表現⑳**　「〜より上手に」と、「いとこ」と「私」を比較しています。**well** (上手に) の**比較級 better** (より上手に) と、**比較対象**を表す **than** (〜より) を better than 〜 の語順になるよう並べましょう。

もしも間違ってしまったら
文法項目を表すこのマークの□に
✔を書き入れましょう。

Stage 1 から本番開始です!

Stage 1

正しいのはどっちだ？
── 二択問題 ──

この本最初のステージは、超キホンのトレーニング。
2つの語句を見比べて、どちらが正しいか
さくさく素早く選んでいきましょう。
簡単そうに見えて、油断大敵。意外と手ごわい!?

Stage 1 の進め方

Stage 1 では二択問題に挑戦します。2つの語句のうち、どちらがその英文に当てはまるかをスピーディーに判断して、選んでいく問題です。

解き方

日本語を参照し、英文の [　　] の中にある2つの語句のうち、文法的に正しい方に○を付けましょう。

ドリルの進め方

問1〜5 ▶ 答え合わせ　→　問6〜10 ▶ 答え合わせ　→　問11〜15 ▶ 答え合わせ

・このように、5問解くごとに答え合わせをします。答え合わせが終わったら、すぐ次の5問に進みましょう。

・5問を1分以内に解くのが目標です。できるだけ止まらず、スピーディーに解けるかどうか挑戦してみてください。

答え合わせのしかた

正解に続く解説では、その問題でどんな文法が問われたかが、「動詞③」などのマークで示されています（③などの丸数字は、p.145からの「総合解説」に対応します）。

・もし間違ったら、このマークの左横にある□に✔を書き入れておきましょう。
　例　☑動詞③

・後日、✔を付けた問題を「記録表」(p.27、p.41、p.55) に照らすと、苦手な文法の傾向が分かります（詳しい照合方法は、「記録表」の指示を参照してください）。

では、右のページから始めましょう！

ドリル1

目標タイム ⏱ 1分

2つの語句のうち正しい方に丸を付けましょう。

1 私たちはロンドンに1週間滞在しました。
We stayed [in | on] London for a week.

2 香港支社には日本語を話す人が全然いませんでした。
There [not were | weren't] any Japanese speakers at the Hong Kong branch.

3 うわあ、君のお母さんはBMWを運転しているんだね!
Wow, your mom [drives | driving] a BMW!

4 私はイチゴを3パック購入しジャムを作りました。
I bought three packs of [strawberry | strawberries] and made some jam.

5 「私のノートパソコンはどこ?」「おー、君が上に座ってるよ!」
"[What's | Where's] my laptop?"
"Oh, you're sitting on it!"

Stage 1

次のページへ Go!

さくっと答え合わせ

1 [正解] in

○ We stayed in London for a week.

☐ **前置詞のキホン⑬**　**内部**にいることを表す前置詞 **in** が正解です。「in ＋ 場所」で「～の中で、～の中に」の意味。

2 [正解] weren't

○ There weren't any Japanese speakers at the Hong Kong branch.

☐ **紛らわしい文のカタチ④**　「(ある不特定の名詞) がいる・ある」という「存在」を表す **There ＋ be動詞＋名詞**は、否定文では **be動詞の直後に not** を付けます。be動詞の種類は直後の名詞の数と文の時制に合わせること。

3 [正解] drives

○ Wow, your mom drives a BMW!

☐ **動詞③**　「日常習慣」を表す現在形 drives が正解。一般動詞のカタチを判断するときは主語に着目。your mom は **3人称単数**なので、それを受ける一般動詞の**語尾には -(e)s** が付きます。

4 [正解] strawberries

○ I bought three packs of strawberries and made some jam.

☐ **名詞の「数」①**　strawberry は**可算名詞**。1パックに複数のイチゴが入っているので複数形 strawberries が正解。ちなみに jam は不可算名詞です。

5 [正解] Where's

○ "Where's my laptop?" "Oh, you're sitting on it!"

☐ **疑問詞⑩**　「どこ？」と**場所**を尋ねる疑問詞 **where** がカギ。Where's は Where is の短縮形。疑問詞の後ろは通常の疑問文の語順になります。

次のページへ Go!

ドリル1　目標タイム ①1分

どんどん解いて、調子をつかみましょう。

6 僕は妻の誕生日のためにいくつか計画があるんです。
I have [any | some] plans for my wife's birthday.

7 私たちは彼の家を探しているの。
We're looking for [his | him] house.

8 3日前の夜、あなたは配偶者と一緒に自宅にいましたか。
[Did | Were] you at home with your husband three nights ago?

9 「荷物を預かっていただけますか」「結構ですよ」
"Could you keep my [luggages | luggage]?"
"Sure."

10 テーブルで支払うんでしょうか。
Do I pay [in | at] the table?

次のページへ Go!

さくっと答え合わせ

6 [正解] some

○ I have <u>some</u> plans for my wife's birthday.

☐ **形容詞⑥** **some＋可算名詞の複数形**のカタチを押さえましょう。someは主に肯定文で用い、可算名詞に付くと「いくつかの」、不可算名詞に付くと「いくらかの」という意味になります。

7 [正解] his

○ We're looking for <u>his</u> house.

☐ **代名詞⑧** house の所有者を表す**所有格**の代名詞が必要ですね。一方、him は目的格の代名詞。look for his house（彼の家を探す）と look for him（彼を探す）の違いに注意。

8 [正解] Were

○ <u>Were</u> you at home with your husband three nights ago?

☐ **動詞③** **be動詞＋場所を表す表現**で「（主語が）〜にいる・ある」の意味です。be動詞の疑問文なので語順は「be動詞＋主語 ...?」。

9 [正解] luggage

○ "Could you keep my <u>luggage</u>?" "Sure."

☐ **名詞の「数」①** luggage（baggage でも同意）は「手荷物類」を**集合的に表す**不可算名詞。カバンがいくつあっても、luggages（×）とは言いません。

10 [正解] at

○ Do I pay <u>at</u> the table?

☐ **前置詞のキホン⑬** 「〜において」と**地点**を表す前置詞 **at** が正解です。in は基本的に「〜の中で、〜の中に」と「内部」を表すため、ここでは不適切。

次のページへ Go!

ドリル1

目標タイム ⏱ 1分

さあ、ドリル1最後の5問です。

11 そのレストランには、厳しいドレスコードなんてありますか。
Is there [the | a] strict dress code at the restaurant?

12 彼のお姉さん(妹さん)はスペイン語が話せます。
His sister [can | won't] speak Spanish.

13 当社の試作品のいくつかを紹介させてください。
Let me show you [any | some] of our sample products.

14 時間がなくて、友人たちと外食を楽しめませんでした。
I didn't have time to enjoy [to eat | eating] out with my friends.

15 コーヒー1杯とチョコレートマフィン1個をください。
Can I have a coffee [and | or] a chocolate muffin, please?

次のページへ Go!

さくっと 答え合わせ

11 [正解] a

○ Is there <u>a</u> strict dress code at the restaurant?

☐ **名詞に付くパーツ②**　**不特定の名詞**の存在の有無を問う表現なので、**不定冠詞 a** が正解。特定の名詞を表す定冠詞 the はこの場合は不適切です。

12 [正解] can

○ His sister <u>can</u> speak Spanish.

☐ **助動詞⑪**　「話せます」とはその**能力**があるということ。「能力」を表す助動詞 **can** が適切です。won't は will not（…しないだろう）の短縮形ですね。

13 [正解] some

○ Let me show you <u>some</u> of our sample products.

☐ **代名詞⑧**　**some of ＋可算名詞の複数形**で「〜のうちのいくつか」という意味。一方、肯定文で使われる any は「どれでも」という意味になるので、文意に合わず不適切。

14 [正解] eating

○ I didn't have time to enjoy <u>eating</u> out with my friends.

☐ **不定詞と動名詞の違い⑰**　**enjoy ＋動名詞**で「…するのを楽しむ」。他動詞 enjoy（〜を楽しむ）の目的語に、動詞 eat（食べる）を名詞に変えた動名詞 eating（食べること）を用いたカタチ。なお、enjoy の目的語に to 不定詞を用いることはできません。

15 [正解] and

○ Can I have a coffee <u>and</u> a chocolate muffin, please?

☐ **接続詞⑫**　「A と B」という**合体・連結**を表す接続詞 **and** が正解。or を選ぶと「A か B」の「選択」の意味になってしまいます。

ドリル1はおしまいです！　しばし休憩。

ドリル 2

目標タイム ⏱ 1分

ドリル1同様、正しい選択肢に丸を付けましょう。

[1] すべての訪問者が何か証明できるものを見せ、入り口で記名しなければいけません。
All visitors [have | must] show some ID and sign in.

[2] 「新しい仕事は前のよりいいですか」「うん、いいと思うよ」
"Is your new job [good | better] than the old one?" "Yeah, I think so."

[3] その喫茶店は 1960 年からずっと神戸にありますよ。
The café [was | has been] in Kobe since 1960.

[4] 友人が結婚式でこの写真を撮ってくれたんだ。
A friend of mine [took | takes] this photo at our wedding.

[5] その映画の割引券はありますか。
Do you have [few | any] discount tickets for the movie?

次のページへ Go!

さくっと 答え合わせ

1 [正解] **must**

○ All visitors <u>must</u> show some ID and sign in.

□ **mustとhave to** ⑲　　**義務**を表す **must**（…しなければならない）。have を用いて同じ意味を表すには have <u>to</u> show のカタチが必要です。

2 [正解] **better**

○ "Is your new job <u>better</u> than the old one?" "Yeah, I think so."

□ **比較級・比較表現** ⑳　　**比較対象**を表す **than**（〜より）に着目しましょう。形容詞 **good**（良い）の**比較級 better**（より良い）がカギ。your new job（あなたの新しい仕事）と the old one（前の仕事）の比較です。

3 [正解] **has been**

○ The café <u>has been</u> in Kobe since 1960.

□ **現在完了形** ㉒　　現在完了形の**継続用法**（〜以来ずっと…である、〜以来ずっと…している）です。前置詞 **since** は「いつから」という**時の起点**を表します。過去形 was は現在までの継続を表さないため不適切です。

4 [正解] **took**

○ A friend of mine <u>took</u> this photo at our wedding.

□ **動詞** ③　　「撮ってくれた」は**過去**の出来事なので、**不規則変化動詞** take の過去形 took が正解。時制を常に意識しましょう。

5 [正解] **any**

○ Do you have <u>any</u> discount tickets for the movie?

□ **形容詞** ⑥　　割引券があるかどうかを尋ねた疑問文。名詞・名詞句の直前に置いて数量を問う形容詞 **any**（いくつかの、いくらかの）がポイント。肯定文で「いくつかの、いくらかの」を表すには主に some が使われます。

次のページへ Go!

ドリル2　目標タイム ⏱1分

次の5問、さくさく行きますよ！

6 誰かこのコピー機を修理できる人はいますか。
Is there anyone [they | who] can fix this copier?

7 その博物館まで、いくらですか。
[How | That] much is it to the museum?

8 準備できたときに知らせてください。
Let me know [by | when] you're ready.

9 私の子どもは牛乳やその他の乳製品にアレルギーがあります。
My kid is allergic to [milk | milks] and other dairy products.

10 あなたがロンですよね。
You're Ron, [don't | aren't] you?

Stage 1

さくっと答え合わせ

6 [正解] who

○ Is there anyone <u>who</u> can fix this copier?

□ **関係代名詞**㉓　**人を表す先行詞** anyone につながる**主格の関係代名詞 who** が正解です。

7 [正解] How

○ <u>How</u> much is it to the museum?

□ **疑問詞**⑩　**金額**を尋ねるには **how** を使った How much is ～？（～はいくらですか）が定番表現。ちなみにここでの代名詞 it は「博物館までの行程」を指します。

8 [正解] when

○ Let me know <u>when</u> you're ready.

□ **接続詞**⑫　**時**を表す接続詞 **when** は「when ＋主語＋動詞」の語順で使います。by は時を表す名詞とともに用いて、「～までに」を表す前置詞なので不適切。

9 [正解] milk

○ My kid is allergic to <u>milk</u> and other dairy products.

□ **名詞の「数」**①　液体である milk（牛乳）は「数」の概念がない**不可算名詞**。そのため複数形 milks（×）は誤り。

10 [正解] aren't

○ You're Ron, <u>aren't</u> you?

□ **紛らわしい文のカタチ**④　**確認**や**同意**を求める**付加疑問文**。基本文（主節）（ここでは You're Ron）が**肯定文**であれば、付加部分は「動詞の**否定形**＋主語（代名詞）？」のカタチにします。

次のページへ Go!

ドリル2 目標タイム ①1分

さあ、ラストスパートです。

11 私の夢はライターになることです。
My dream is [be | to be] a writer.

12 ばんそうこうがいるよ。あなたのカバンに何枚かある？
I need a Band-Aid. Do you have [any | anything] in your bag?

13 ご多忙で来ていただけなければ、私が帰りにあなたの事務所に寄ることもできますよ。
If you are too busy to visit us, I [can | had to] drop by your office on my way home.

14 早く良くなるといいですね。
I hope [that | to] you get better soon.

15 その免許状はもう受け取ったの？
[Have you received | Will you receive] the certificate yet?

次のページへ Go!

さくっと 答え合わせ

11 [正解] **to be**

○ My dream is <u>to be</u> a writer.

□ **不定詞⑮** **名詞的用法**の不定詞 to be a writer（ライターになること）が補語の働きをして、主語 my dream（私の夢）の内容を表したカタチです。

12 [正解] **any**

○ I need a Band-Aid. Do you have <u>any</u> in your bag?

□ **代名詞⑧** 疑問文では代名詞 **any** を動詞の**目的語**として単独で用いることができます。ここでは他動詞 have（〜を持っている）の目的語で、「いくつか持っているかどうか」を尋ねる文意。anything は「何か」という意味なので、文意に合わず不適切です。

13 [正解] **can**

○ If you are too busy to visit us, I <u>can</u> drop by your office on my way home.

□ **助動詞⑪** **可能性**の助動詞 **can** で「…できる」を表します。have to do は「…しなければならない」という「義務」の意味。

14 [正解] **that**

○ I hope <u>that</u> you get better soon.

□ **接続詞⑫** hope that ... で「…を願う」の意味。that 節が他動詞 hope の目的語になっています。なお、この接続詞 that は省略可です。

15 [正解] **Have you received**

○ <u>Have you received</u> the certificate yet?

□ **現在完了形㉒** 「もう…してしまった」と**完了**を表す現在完了形の疑問文です。ちなみに疑問文での副詞 yet は「もう（…しましたか）」という意味。

お疲れさま。ひと息入れましょう。

ドリル1&2 記録表

・ドリル1とドリル2で間違った問題を振り返り、下の表の空欄に✔を転記しましょう。
・✔を入れた問題の合計数を縦列で足し算し、「集計」欄に書き入れましょう。今回、どんな文法を何回間違ったかが分かります。
・間違った問題は、「総合解説」(p.145) も参考にして復習しておきましょう。

文法	①名詞の「数」	②名詞に付くパーツ	③動詞	④紛らわしい文のカタチ	⑤未来または意志	⑥形容詞	⑦副詞	⑧代名詞	⑨主語になるit	⑩疑問詞	⑪助動詞	⑫接続詞	⑬前置詞のキホン	⑭命令・提案・感嘆	⑮不定詞	⑯動名詞	⑰不定詞と動名詞の違い	⑱受け身	⑲mustとhave to	⑳比較級・比較表現	㉑最上級	㉒現在完了形	㉓関係代名詞
集計	/3	/1	/3	/2	/0	/2	/0	/3	/0	/2	/2	/3	/2	/0	/1	/0	/1	/0	/1	/1	/0	/2	/1

まごころ Evine 流！
今日のひとこと

「要領良く」は置いといて、ゼロからスタートしましょう！

　細切れの時間になんとか勉強しようと努力する忙しい社会人学習者にとって、「要領良く」「器用に」「最短距離で」学びたいというのが本音ではないでしょうか。しかし、そのために「どこから始めれば効率がいいか」考えすぎて、足踏みしていては時間の無駄です。というのも、最初から自分の実力を把握できている人はほとんどいないからです。

　まずは、中学 1 年レベルの演習から始めましょう。これが、遠回りのように見えて、実は近道です。たかが中学レベルと思うかもしれませんが、侮れませんよ。実際に問題を解いてみて、間違えながら知識を整理していくことが大切です。

ドリル3

目標タイム ⏱1分

2つの選択肢のうち正しい方に丸を付けましょう。

1 日本へは一度も行ったことがないけど、日本語をいくつか知ってるよ。
I know a few Japanese phrases, [so | though] I've never been to Japan.

2 うちのじいちゃんは髪をピンクに染めるには年を取り過ぎてるよ。
My grandfather is [too old to | so old that] dye his hair pink.

3 ビール飲み終わっちゃった。もう1杯もらおう。
I've finished my beer. I'll have [other | another].

4 リサは午後3時まで戻らないでしょう。
Risa [won't | won't to] be back till 3 p.m.

5 そこに着くまで、どれくらい時間がかかりますか。
How long does [it | much] take to get there?

次のページへ Go!

Stage 1

さくっと答え合わせ

1 [正解] **though**

○ I know a few Japanese phrases, <u>though</u> I've never been to Japan.

☐ **接続詞⑫** though（although とも言う）には「…だけれども」という**譲歩**の意味があり、ここでは相手にとって意外な情報を加えています。

2 [正解] **too old to**

○ My grandfather is <u>too old to</u> dye his hair pink.

☐ **不定詞⑮** **too 形容詞＋to do** は「あまりに［形容詞］で…できない」の定型表現。can't do（…できない）のニュアンスを含みます。

3 [正解] **another**

○ I've finished my beer. I'll have <u>another</u>.

☐ **代名詞⑧** **another** は**不特定**の「**もう1つ、もう1人**」を指します。ここでは代名詞として単独で、他動詞 have（〜を飲む）の目的語になっています。other（他の）は1語では使われないので不適切。

4 [正解] **won't**

○ Risa <u>won't</u> be back till 3 p.m.

☐ **未来または意志⑤** **未来の推量**を表す助動詞 will（…するだろう）の否定形 **won't**（＝ will not）（…しないだろう）。直後の動詞は原形です。

5 [正解] **it**

○ How long does <u>it</u> take to get there?

☐ **主語になる it ⑨** **所要時間**を How long ...?（どれくらい長く…ですか）で尋ねた疑問文。このように、it には所要時間を表す主語としての働きがあります。なお、「他動詞 take ＋時間」は「［時間］がかかる」という意味です。

次のページへ Go!

ドリル3 目標タイム ⏱1分

このドリルのラスト5問。さくっと仕上げましょう。

11 私のパソコンが突然動かなくなったので、再起動しました。
My computer suddenly stopped [to work | working], so I rebooted it.

12 その大雪の後、天気は少しずつひどくなりました。
After the heavy snow, the weather slowly got [worse | worst].

13 「このホテルに勤めてどれくらいですか」「もう20年です」
"How long [have you worked | will you work] for this hotel?" "For the past 20 years."

14 その節はシェークスピアによって書かれたものではありませんでした。
That passage wasn't [writing | written] by Shakespeare.

15 さくらんぼビールはビールというよりむしろジュースのような味がします。
Cherry beer tastes [more | much] like juice than beer.

Stage 1

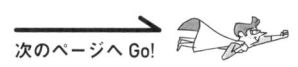
次のページへ Go!

さくっと答え合わせ

11 [正解] **working**

○ My computer suddenly stopped <u>working</u>, so I rebooted it.

□ **不定詞と動名詞の違い⑰**　　**stop ＋動名詞**（…するのをやめる）と **stop to do**（…するために立ち止まる）の意味の違いにはくれぐれも注意。

12 [正解] **worse**

○ After the heavy snow, the weather slowly got <u>worse</u>.

□ **比較級・比較表現⑳**　　「**get ＋形容詞**」（…になる）を基に、形容詞 **bad**（悪い）の**比較級 worse**（より悪い）を用いた表現です。

13 [正解] **have you worked**

○ "How long <u>have you worked</u> for this hotel?" "For the past 20 years."

□ **現在完了形㉒**　　現在完了形の**継続用法**を基に、**継続期間の長さ**を疑問文 **How long ...?**（どれくらいの間…ですか）で尋ねています。will you work だと未来の予定を尋ねることになり、不適切です。

14 [正解] **written**

○ That passage wasn't <u>written</u> by Shakespeare.

□ **受け身⑱**　　受け身の過去形「**was ＋過去分詞**」（…された）の否定文 **wasn't ＋過去分詞**（…されなかった）です。「**by ＋人**」（[人] によって）で動作主を指します。

15 [正解] **more**

○ Cherry beer tastes <u>more</u> like juice than beer.

□ **比較級・比較表現⑳**　　**more like A than B**（B というよりむしろ A）がカギ。**比較対象**を表す **than** もヒントに。ちなみに、この like は「〜のようで、〜に似ていて」という意味の前置詞です。

ドリル 3 はおしまいです！　しばし休憩。

ドリル 4

目標タイム ① 1分

引き続き、正しい選択肢に丸を付けます。

[1] 僕はまだ彼女のeメールに返事をしていません。
I [replied | haven't replied] to her e-mail yet.

[2] このカレーライス1皿で、かなりのボリュームだね。全部食べないとダメ？
This curry and rice dish looks quite large. Do I [have to | must] eat it all?

[3] ここに違法に駐車された車両はレッカー移動されるでしょう。
Cars [are parking | parked] illegally here will be towed away.

[4] 鼻をかむのにハンカチを使いますか。
[Do | Are] you use a handkerchief to blow your nose?

[5] ヨシオが忙しそうだったので、アイナは彼を訪ねませんでした。
Aina didn't visit Yoshio [because | so] he looked busy.

Stage 1

さくっと 答え合わせ

1 [正解] haven't replied

○ I <u>haven't replied</u> to her e-mail yet.

☐ **現在完了形㉒**　**not ... yet**（まだ…していない）の組み合わせから、現在完了形の**完了用法**を用いた**未完了**の表現と判断しましょう。

2 [正解] have to

○ This curry and rice dish looks quite large. Do I <u>have to</u> eat it all?

☐ **mustとhave to⑲**　have to do を含む疑問文は一般動詞の場合と同様、**do/doesを文頭に**付けます。助動詞 must を含む疑問文なら、Must I ...? の語順です。

3 [正解] parked

○ Cars <u>parked</u> illegally here will be towed away.

☐ **名詞に付くパーツ②**　「…された」という意味の**過去分詞** -ed を含む parked illegally here（ここに違法に駐車された）が形容詞句となり、後ろから名詞 cars を修飾しています。

4 [正解] Do

○ <u>Do</u> you use a handkerchief to blow your nose?

☐ **動詞③**　be動詞ではなく**一般動詞** use を含む疑問文なので「**Do** ＋主語＋動詞の原形 ...?」に。ここでは主語 you を受けて「日常習慣」を尋ねるため現在形で do を用います。

5 [正解] because

○ Aina didn't visit Yoshio <u>because</u> he looked busy.

☐ **接続詞⑫**　he looked busy（彼は忙しそうだった）という**理由・原因**の節を導く、接続詞 **because** が正解。接続詞 so は前文の「理由・原因」を受けて**結果**の節を導くため、文意に合いません。

次のページへ Go!

ドリル4 目標タイム ⏱1分

1分と言わず、30秒くらいで5問行きたいもの。

6 山頂まで行くにはこのルートを取るのが一番安全です。
This route is the [safest | safer] to take to the summit.

7 テッドはケイトをデートに誘いたいと思っています。
Ted wants [asking | to ask] Kate out.

8 トビーはちょうど皿ふきを終えたところです。
Toby [has yet | has just] finished drying the dishes.

9 そのミュージシャンのファンたちは新曲が聴けてとても興奮していました。
The musician's fans were really [exciting | excited] at the new song.

10 「彼女の送別会はいつ催されるんですか」「近いうちにお知らせしますね」
"When [will | is] her farewell party take place?"
"I'll tell you soon."

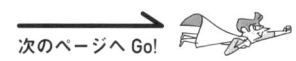
次のページへ Go!

さくっと 答え合わせ

6 [正解] **safest**

○ This route is the <u>safest</u> to take to the summit.

☐ **最上級** ㉑　「一番…な」を表すには**最上級**の the -est が必要です。

7 [正解] **to ask**

○ Ted wants <u>to ask</u> Kate out.

☐ **不定詞と動名詞の違い** ⑰　他動詞 **want**（〜したい）は**不定詞 to do を目的語にとります**。「ask ＋人＋ out」は「[人]をデートに誘う」。

8 [正解] **has just**

○ Toby <u>has just</u> finished drying the dishes.

☐ **現在完了形** ㉒　副詞 **just**（ちょうど…したばかりで）を用いた現在完了形の**完了用法**です。yet は否定文で「まだ（…していません)」、疑問文で「もう（…しましたか)」の意味。

9 [正解] **excited**

○ The musician's fans were really <u>excited</u> at the new song.

☐ **形容詞** ⑥　他動詞 excite（〜を興奮させる）の -ed 形 excited（興奮した）が、主語の**様子や気持ち**を表す形容詞に転じたものです。exciting は「興奮させる、刺激的な」という意味の形容詞で、文意に合いません。

10 [正解] **will**

○ "When <u>will</u> her farewell party take place?" "I'll tell you soon."

☐ **未来または意志** ⑤　**未来推量**を表す **will**（…するだろう）が正解。take place は「開催される」という意味。「される」と言っても受け身のカタチにはなりません。うっかり is を選ばないよう要注意。なお、返答の I'll に含まれる will はその場で即座に判断される**話し手の意志**（…しよう、…します）を表します。

次のページへ Go!

ドリル4 目標タイム ①1分

いいですね、調子出てきましたね！

11 あなたは普段（お酒を）飲まないよね。
You don't drink usually, [are | do] you?

12 昨日は遅れてごめんね。
I'm sorry [which | that] I was late yesterday.

13 特急あさまの指定席を取ってもらっていいですか。
Can I ask you [to reserve | reserve] a seat on the Asama Express?

14 アメリカで誰が一番お金持ちなの？
Who's got the [most | much] money in the U.S.?

15 問題は私がパスワードを忘れたことです。
The problem is [that | which] I forgot my password.

さくっと 答え合わせ

11 [正解] do

○ You don't drink usually, do you?

□ **紛らわしい文のカタチ④**　　確認や同意を求める**付加疑問文**。否定形 don't drink に対応し、付加部分は肯定形の「do ＋主語（代名詞）？」です。

12 [正解] that

○ I'm sorry that I was late yesterday.

□ **接続詞⑫**　　be sorry that ...（…して申し訳なく思う）。**感情を表す形容詞とともに用いる接続詞 that** がカギ。なお、この that は省略可能です。

13 [正解] to reserve

○ Can I ask you to reserve a seat on the Asama Express?

□ **不定詞⑮**　　不定詞を使用した **ask ＋人＋ to do** で「…するよう［人］に頼む」の意味。なお、他動詞 ask（［人］に頼む）の目的語 you は、不定詞 to reserve の意味上の主語でもあります。

14 [正解] most

○ Who's got the most money in the U.S.?

□ **最上級㉑**　　形容詞 **many/much**（たくさんの）の**最上級**は不規則変化で **most** になります。なお、比較級なら more です。

15 [正解] that

○ The problem is that I forgot my password.

□ **接続詞⑫**　　主語 the problem（問題）の内容を表す**補語**に **that 節**（…ということ）を用いた文。that I forgot my password（私がパスワードを忘れたこと）がひとまとまりの名詞として働いています。

お疲れさま。ひと息入れましょう。

ドリル3＆4　記録表

・ドリル3とドリル4で間違った問題を振り返り、下の表の空欄に✔を転記しましょう。
・✔を入れた問題の合計数を縦列で足し算し、「集計」欄に書き入れましょう。今回、どんな文法を何回間違ったかが分かります。
・間違った問題は、「総合解説」(p.145) も参考にして復習しておきましょう。

集計	/0	/1	/2	/1	/2	/1	/0	/2	/1	/2	/0	/4	/0	/0	/2	/0	/2	/1	/2	/2	/2	/3	/2
文法	①名詞の「数」	②名詞に付くパーツ	③動詞	④紛らわしい文のカタチ	⑤未来または意志	⑥形容詞	⑦副詞	⑧代名詞	⑨主語になる it	⑩疑問詞	⑪助動詞	⑫接続詞	⑬前置詞のキホン	⑭命令・提案・感嘆	⑮不定詞	⑯動名詞	⑰不定詞と動名詞の違い	⑱受け身	⑲must と have to	⑳比較級・比較表現	㉑最上級	㉒現在完了形	㉓関係代名詞

> **まごころ Evine 流！**
> # 今日のひとこと

大人の英会話に、最低限の文法知識は欠かせません。

　英語で会話するとき、単語を並べれば「表面的」なことは「なんとなく」伝わった気になります。でも、豊かな会話にはまずなりません。文法知識で肉付けしなければ、真意を相手に伝えることはできないのです。例えば、「免許がなくて運転できない」は「普段は運転しない」と事情が異なりますよね。こんなとき、can't（…できない）を適切に使いたいものです。

　英文法を使いこなせば、自分の気持ちや状況が適切に説明できます。だから、ぜひ丁寧に学んでいきたいですよね。

ドリル 5

目標タイム ⏱ 1分

当てはまる語句に丸を付けましょう。

1 僕のパソコンの OS は Windows 8 です。あなたのは？
The operating system on my computer is Windows 8.
What is [yours | you]?

2 私は MBA（経営学修士号）を取得するために留学したいと思っています。
I'd like to study [in abroad | abroad] for an MBA.

3 これが僕が昨日、君に話した本です。
This is the book [it | that] I told you about yesterday.

4 あなたの赤ちゃんはなんて寝付きが早かったのでしょう！
[How | What] quickly your baby fell asleep!

5 このスープには何が入っているの？
[What's | How's] in this soup?

さくっと 答え合わせ

1 [正解] **yours**

○ The operating system on my computer is Windows 8. What is <u>yours</u>?

☐ **代名詞⑧**　ここでの**所有代名詞** yours（あなたのもの）は「所有格の代名詞 your（あなたの）＋名詞 operating system on the computer（パソコンのオペレーティング・システム、OS）」を言い換えたもの。

2 [正解] **abroad**

○ I'd like to study <u>abroad</u> for an MBA.

☐ **副詞⑦**　場所を表す副詞 **abroad**（外国で）は「前置詞 in（[場所] で）＋名詞 a foreign country（外国）」と同じ。つまり abroad 1 語に in の機能が既に含まれているので、<u>in</u> abroad（×）は間違い。

3 [正解] **that**

○ This is the book <u>that</u> I told you about yesterday.

☐ **関係代名詞㉓**　I told you about ~（私はあなたに~について話した）の前置詞 about の目的語を、**目的格**の関係代名詞 **that** で言い換えています。

4 [正解] **How**

○ <u>How</u> quickly your baby fell asleep!

☐ **命令・提案・感嘆⑭**　感嘆文の **How ＋副詞＋主語＋動詞！**のカタチ。「What (a/an) ＋形容詞＋名詞＋主語＋動詞！」との違いに注意。

5 [正解] **What's**

○ <u>What's</u> in this soup?

☐ **疑問詞⑩**　**主語**の働きを兼ね備える疑問詞 **what** がカギ。What's は What is の短縮形。how は「方法・手段」や「程度」などを尋ねるので不適切。

次のページへ Go!

ドリル5 　目標タイム ⏱1分

スピードを上げて解いていきましょう。

6 ここであなたに会うなんて思ってなかったよ。
I didn't expect [seeing | to see] you here.

7 この書類のコピーをいただけませんか。
[Could | May] you give me a copy of this document?

8 私の上司は私の2倍お酒を飲みます。
My boss drinks [as twice | twice as] much as I do.

9 僕はキャシーのノートパソコンを壊してしまった。それで彼女は僕のことすごく怒ってるんだ。
I [am breaking | have broken] Cathy's laptop. Now she's very mad at me.

10 私は犬を散歩させるために早起きしないといけませんでした。
I had to get up early [to walk | to walking] my dog.

次のページへ Go!

Stage 1

さくっと答え合わせ

6 [正解] **to see**

○ I didn't expect to see you here.

□ **不定詞と動名詞の違い⑰** 他動詞 expect（〜を期待する）は**不定詞を目的語にとります**。動名詞を目的語にとることはありません。

7 [正解] **Could**

○ Could you give me a copy of this document?

□ **助動詞⑪** 依頼の表現 **Could you ...?**（…してもらえませんか）がカギです。may は相手を主語とする「依頼」の表現では用いないため、不適切。

8 [正解] **twice as**

○ My boss drinks twice as much as I do.

□ **比較級・比較表現⑳** 倍数表現 **twice as ... as 〜**（〜の2倍…だ）は語順がキメ手。3倍以上なら [ ] times as ... as 〜（〜の [ ] 倍…だ）となりますよね。[ ] には three、four など数が入ります。

9 [正解] **have broken**

○ I have broken Cathy's laptop. Now she's very mad at me.

□ **現在完了形㉒** 現在完了形の**結果用法**が正解。「壊した」結果として「今現在、彼女が怒っている」という因果関係から判断しましょう。am breaking（壊しているところだ）は文意に合いません。

10 [正解] **to walk**

○ I had to get up early to walk my dog.

□ **不定詞⑮** 目的（…するために）を表す**副詞的用法**の不定詞が正解。なお、他動詞 walk は「［犬など］を散歩させる」という意味です。

次のページへ Go!

ドリル 5　目標タイム ⏱ 1分

もうだいぶ慣れたのでは？　その調子です。

11 この本は僕には難しすぎると言う人もいます。
[Some | Any] say this book is too difficult for me.

12 チョコレートのしょうゆ添えなんて、世界最悪のレシピに違いありません。
Chocolate with soy sauce must be the [worse | worst] recipe in the world.

13 「君はいつ間食するの？」「妻が寝てからさ」
"[What | When] do you snack?"
"After my wife goes to bed."

14 アンディは写真を撮るのが大好きです。
Andy loves [take | taking] photos.

15 新しい店長は食品業界での経験が私より少ないです。
The new store manager has [least | less] experience in the food business than me.

次のページへ Go!

さくっと答え合わせ

11 [正解] Some

○ <u>Some</u> say this book is too difficult for me.

□ **代名詞⑧** 　この代名詞 **some** は「**一部の人々**」という意味。others とともに用いられ Some .... Others ~. (…する人もいれば、〜する人もいる) という対比表現になることもあります。

12 [正解] worst

○ Chocolate with soy sauce must be the <u>worst</u> recipe in the world.

□ **最上級㉑** 　形容詞 **bad**（悪い）の**最上級 worst**（最悪な）がポイント。比較級 worse（より悪い）だと文意に合わず不適切です。

13 [正解] When

○ "<u>When</u> do you snack?" "After my wife goes to bed."

□ **疑問詞⑩** 　**時**を尋ねる疑問詞 **when**（いつ）が正解。what（何）だと間食のメニューを尋ねることになり、文脈に合いません。

14 [正解] taking

○ Andy loves <u>taking</u> photos.

□ **動名詞⑯** 　他動詞 love（〜が大好きだ）の**目的語**となる**動名詞** taking が正解。なお、love taking は不定詞を用いて love to take と言い換えることも可能です。

15 [正解] less

○ The new store manager has <u>less</u> experience in the food business than me.

□ **比較級・比較表現⑳** 　比較対象を表す than me（私より）から比較級がカギと判断しましょう。形容詞 **little**（少ない）の**比較級 less**（より少ない）が正解。least（最も少ない）は little の最上級。

ドリル5はおしまいです！　しばし休憩。

ドリル6

目標タイム ⏱1分

Stage 1で最後のドリル。引き続き、正しい方に丸を付けましょう。

1. これらのコースからどれでも無料で受講することができます。
You can take [that | any] of these courses for free.

2. ディズニーランドとユニバーサルスタジオ、あなたにとってどちらの方が魅力的ですか。
[Which | What] is more attractive to you, Disneyland or Universal Studios?

3. 彼は日本語以外は何語も話せません。
He [can't | has to] speak any other language apart from Japanese.

4. 僕はアンのお兄さん(弟さん)と以前どこかで会った記憶があります。
I remember [to see | seeing] Ann's brother somewhere before.

5. その部屋はあと3人と共有できるくらい広いですよ。
The room is [enough large | large enough] for you to share with three other people.

次のページへ Go!

さくっと答え合わせ

1 [正解] any

○ You can take <u>any</u> of these courses for free.

☐ **代名詞⑧** 　　**肯定文**で用いられる代名詞 **any** は「**どれでも**」という意味。ここでは他動詞 take（〜を選ぶ、〜を受講する）の目的語になっています。

2 [正解] Which

○ <u>Which</u> is more attractive to you, Disneyland or Universal Studios?

☐ **疑問詞⑩** 　　選択肢を並べて **A or B**（A か B か）と尋ねる場合、疑問詞は **which**（どちら）が適切。what（何）には対比の機能がありません。

3 [正解] can't

○ He <u>can't</u> speak any other language apart from Japanese.

☐ **助動詞⑪** 　　「能力」を表す助動詞 can は**否定形 can't**（= cannot）で「**…することができない**」という意味になります。has to speak は「話さなければならない」という意味なので不適切。

4 [正解] seeing

○ I remember <u>seeing</u> Ann's brother somewhere before.

☐ **不定詞と動名詞の違い⑰** 　　**remember seeing** で「**会ったことを覚えている**」、remember to see で「会うことを覚えている、忘れずに会う」という意味。このように、**動名詞**には**過去の出来事**のニュアンスがあります。

5 [正解] large enough

○ The room is <u>large enough</u> for you to share with three other people.

☐ **不定詞⑮** 　　**形容詞＋ enough ＋ to do**（…するのに十分なほど［形容詞］である）は「十分な〜」の「enough ＋名詞」とは語順が異なるので注意。

次のページへ Go!

ドリル6 　目標タイム ⏱1分

ノッてきましたね。スピーディーに進みましょう。

6 私たちは大阪のどのたこ焼き屋よりも、「金たこ」でよく食べます。
We eat at *Kin-Tako* more often [at the other | than any other] *takoyaki* restaurant in Osaka.

7 ここに駐車してはいけません。
You [can't | haven't] park your car here.

8 日本で最も重要な仏教の年中行事は何ですか。
What is the [most | more] important annual Buddhist event in Japan?

9 あなたの意見を拒む人もいれば、あなたを応援してくれる人もいるでしょう。
Some will reject your opinions. [Others | Anyone] will support you.

10 何時にチェックインできますか。
What time [can | have] I check in?

次のページへ Go!

Stage 1

さくっと答え合わせ

6 [正解] **than any other**

○ We eat at *Kin-Tako* more often <u>than any other</u> *takoyaki* restaurant in Osaka.

☐ **比較級・比較表現** ⑳　　**比較級＋ than ＋ any other 単数名詞**で「ほかのどの［名詞］よりも…だ」。意味としては最上級（最も…だ）と同様です。

7 [正解] **can't**

○ You <u>can't</u> park your car here.

☐ **助動詞** ⑪　　「許可」を表す助動詞 can は**否定形 can't**（＝ cannot）で「…してはいけない」という**不許可**を表します。

8 [正解] **most**

○ What is the <u>most</u> important annual Buddhist event in Japan?

☐ **最上級** ㉑　　「最も…だ」と**最上級**を表す (the) **most ＋形容詞の原級**が正解。more は比較級。important のように 3 音節（im-、-por-、-tant）以上の語は基本的に最上級には (the) most が用いられます。音節とは母音を中心とした音のまとまり（区切り）を指します。

9 [正解] **Others**

○ Some will reject your opinions. <u>Others</u> will support you.

☐ **代名詞** ⑧　　**不特定**の「別の人々、別の物」を表す代名詞 **others** が正解。Some .... Others 〜.（…する人もいれば、〜する人もいる）という定型表現もカギ。anyone は「誰もが」という意味で、文意に合いません。

10 [正解] **can**

○ What time <u>can</u> I check in?

☐ **助動詞** ⑪　　can を用いて**許可**を求める表現。ちなみにここでの can はより丁寧な表現では could や may に言い換え可能です。

次のページへ Go!

ドリル6　目標タイム ①1分

Stage 1 で最後の5問。ラストスパートです。

11 先週のニューヨークへのフライトはどうだった？
How was [the | a] flight to New York last week?

12 4人兄弟のうち1人は外出し、他は皆、家で過ごしました。
One of the four brothers went out while
[the other | the others] stayed at home.

13 その映画はひどく退屈でした。
The movie was terribly [boring | bored].

14 明日は雨でしょう。
It will rain [tomorrow | yesterday].

15 その頭どうしたの？　鳥の巣みたい。
[How | What] happened to your hair? It looks like a bird's nest.

次のページへ Go!

さくっと答え合わせ

11 [正解] **the**

○ How was <u>the</u> flight to New York last week?
☐ **名詞に付くパーツ②**　何の話題か**互いに共有している情報**なので、**定冠詞 the** が正解。「あの（例の）フライト」というニュアンスです。

12 [正解] **the others**

○ One of the four brothers went out while <u>the others</u> stayed at home.
☐ **代名詞⑧**　自宅にいたのが仮に1人なら the other と言えますが、3人が残ったので**複数形 the others** が正解と判断しましょう。このように、特定グループ内での**残り全員（残り全部）**は the other<u>s</u> で表します。

13 [正解] **boring**

○ The movie was terribly <u>boring</u>.
☐ **形容詞⑥**　boring（退屈な）は他動詞 bore（〜を退屈させる）の -ing 形が、主語が**周囲に与える感情**を表す形容詞に転じたもの。bored は「退屈した」という主語自身の気持ちを表すので、ここでは不適切です。

14 [正解] **tomorrow**

○ It will rain <u>tomorrow</u>.
☐ **副詞⑦**　**時**を表す副詞と、動詞の時制の相性はとても大切です。yesterday（昨日）は「未来の推量」を表す will とは時制が合いません。

15 [正解] **What**

○ <u>What</u> happened to your hair? It looks like a bird's nest.
☐ **疑問詞⑩**　主語の役割を兼ね備える疑問詞 what（何）は「疑問詞＋動詞」の語順がポイント。疑問詞 how（どうやって）は主語にできません。

お疲れさま。ひと息入れましょう。

ドリル 5 & 6　記録表

- ドリル5とドリル6で間違った問題を振り返り、下の表の空欄に✔を転記しましょう。
- ✔を入れた問題の合計数を縦列で足し算し、「集計」欄に書き入れましょう。今回、どんな文法を何回間違ったかが分かります。
- 間違った問題は、「総合解説」(p.145) も参考にして復習しておきましょう。

集計	文法
/0	①名詞の「数」
/1	②名詞に付くパーツ
/0	③動詞
/0	④紛らわしい文のカタチ
/0	⑤未来または意志
/1	⑥形容詞
/2	⑦副詞
/5	⑧代名詞
/0	⑨主語になるit
/4	⑩疑問詞
/4	⑪助動詞
/0	⑫接続詞
/1	⑬前置詞のキホン
/2	⑭命令・提案・感嘆
/1	⑮不定詞
/2	⑯動名詞
/0	⑰不定詞と動名詞の違い
/0	⑱受け身
/3	⑲must と have to
/2	⑳比較級・比較表現
/1	㉑最上級
/1	㉒現在完了形
/	㉓関係代名詞

> まごころ Evine 流！
> **今日のひとこと**

「時間がない」にさようなら。「時間を作る」工夫が大切です。

　「時間が取れなくて、勉強がはかどりません」はあまり上手な言い訳じゃありません。確かに、多くの人が学習時間の確保に悩んでいます。でも、日常生活の何に対して、何時間を割り当てているか、考えてみたことはありますか。つまり、忙しさに流されてしまい、24時間の管理がうまくできていないのかもしれませんよね。

　一日10分あれば、勉強は可能です。10分でもいい、やる気があるときに「時間はある」んです。時間管理の方法を一新し、英語学習を習慣化してしまいましょう。

Stage 2

間違いを探そう！
— 正誤問題 —

Stage 1 よりちょっとだけ高いハードルに挑戦しましょう。
英文の中に、文法上の間違いが1語だけあります。
それが一体どこなのか、分かるでしょうか。
どう変えたら正しい英文になるかも、考えてみましょう。

Stage 2 の進め方

Stage 2 では<u>正誤問題</u>に挑戦します。
英文に含まれる間違いを素早く見つけ出す問題です。

解き方

英文1文に1語の間違いが含まれています。日本語を参照して、<u>間違っている語に下線を引きましょう</u>。どんな語（1語）に置き換えると正しくなるかも考えてみてください。

ドリルの進め方

問1～5 ▶ 答え合わせ → 問6～10 ▶ 答え合わせ → 問11～15 ▶ 答え合わせ

- このように、5問解くごとに答え合わせをします。答え合わせが終わったら、すぐ次の5問に進みましょう。
- 5問を1分以内に解くのが目標です。できるだけ止まらず、スピーディーに解けるかどうか挑戦してみてください。

答え合わせのしかた

正解に続く解説では、その問題でどんな文法が問われたかが、「動詞③」などのマークで示されています（③などの丸数字は、p. 145からの「総合解説」に対応します）。

- もし間違ったら、このマークの左横にある□に✔を書き入れておきましょう。
  例　✔動詞③

- 後日、✔を付けた問題を「記録表」(p. 71、p. 85、p. 99) に照らすと、苦手な文法の傾向が分かります（詳しい照合方法は、「記録表」の指示を参照してください）。

では、右のページから始めましょう！

ドリル 1

目標タイム ⏱1分

次の英文には、それぞれ1語間違いがあります。下線を引きましょう。

1. これらのサンドイッチはテイクアウトしてもいいし、または店内で食べてもいいです。
You can take away these sandwiches and eat in.

2. 机を動かすのを手伝う人が必要ですか。
Do you need anyone to helping you move the desk?

3. ジムとユミは友達ですか。
Is Jim and Yumi friends?

4. 彼らは幸せそうに語り合いました。
They talked to each other happy.

5. この写真は誰が撮ったんですか。
Whose took this picture?

Stage 2

さくっと 答え合わせ

1 [正解]（誤）and →（正）or

○ You can take away these sandwiches or eat in.

□ **接続詞⑫**　行動の**選択**を表す **A or B**（A または B）がカギ。and は同時に行う行動を結ぶ接続詞なので、「テイクアウトして店内で食べる」（？）という矛盾した内容になり、誤りです。

2 [正解]（誤）helping →（正）help

○ Do you need anyone to help you move the desk?

□ **不定詞⑮**　名詞 anyone（誰か）を修飾する**形容詞的用法**の不定詞が正解。つまり help は原形です。なお、anyone は help の意味上の主語です。

3 [正解]（誤）Is →（正）Are

○ Are Jim and Yumi friends?

□ **動詞③**　be 動詞のカタチは**主語の数**で変わります。主語は Jim 1 人でなく Jim and Yumi という複数である点に注目してください。

4 [正解]（誤）happy →（正）happily

○ They talked to each other happily.

□ **副詞⑦**　動詞 talked（語った）を修飾するには**副詞**が必要。happy（楽しい）は形容詞なので、名詞は修飾できても動詞は修飾できません。「楽しそうに」という様子を表す副詞 happily に変えれば正解です。

5 [正解]（誤）Whose →（正）Who

○ Who took this picture?

□ **疑問詞⑩**　他動詞 took（〜を撮った）に対して**主語の役割を兼ねる疑問詞**が必要です。whose は「誰の、誰のもの」という意味で文意に合いません。

次のページへ Go!

ドリル1 目標タイム ⏱1分

間違いはどこ？　素早く下線を引いていきましょう。

6 私は天井にハエが止まっているのを見ました。
I saw a fly under the ceiling.

7 私は以前ほど若くはありません。
I'm not as younger as I used to be.

8 予防接種したのに、インフルエンザにかかりました。
I've got the flu, because I had a vaccination.

9 別の方法を試してみようよ。
Let's trying another way.

10「あなたはどうやって会社に来るの？」「バスで」
"What do you come to the office?" "By bus."

さくっと答え合わせ

6 [正解]（誤）under →（正）on

○ I saw a fly <u>on</u> the ceiling.

□ **前置詞のキホン**⑬　線や面との**接触**を表す前置詞 **on**（〜の表面に）がポイント。上に限らず下や横からの接触でも on が使えます。

7 [正解]（誤）younger →（正）young

○ I'm not as <u>young</u> as I used to be.

□ **比較級・比較表現**⑳　**not as … as 〜**（〜ほど…ではない）では、2つの as の間に**原級**の形容詞または副詞が入ります。よって、比較級 younger（より若い）は誤りです。

8 [正解]（誤）because →（正）although または though

○ I've got the flu, <u>although/though</u> I had a vaccination.

□ **接続詞**⑫　because（…だから）は「理由」を導く接続詞。「予防接種したからインフルエンザにかかった」（？）は不自然です。「…したけれど」と**譲歩**を表す接続詞 **although/though** なら自然です。

9 [正解]（誤）trying →（正）try

○ Let's <u>try</u> another way.

□ **命令・提案・感嘆**⑭　「…しましょう」という**提案**の表現で Let's の直後に来るのは動詞の**原形**です。

10 [正解]（誤）What →（正）How

○ "<u>How</u> do you come to the office?" "By bus."

□ **疑問詞**⑩　**方法・手段**を尋ねる疑問詞は **how**（どのようにして）が適切です。返答中の前置詞 by（〜によって）も「方法・手段」を表します。

次のページへ Go!

ドリル1 ⏱目標タイム 1分

あまり悩まず、さくさく進んでいきましょう。

11 残念ながら、僕は息子の野球の試合に行けないんです。
I'm afraid which I can't go to my son's baseball game.

12 「じろう」は世界最高の寿司店の1つにランクインしています。
Jiro ranks as one of the world's most sushi restaurants.

13 その赤ん坊はエリザベス女王にちなんでエリザベスと名付けられました。
The baby has named Elizabeth after Queen Elizabeth.

14 黒い毛のヒツジも何匹かいるよ。
Some sheeps have black wool.

15 あなたは乗馬しながら皿回しできますか。
May you ride a horse and spin a plate?

Stage 2

さくっと答え合わせ

11 [正解] （誤）which → （正）that

○ I'm afraid that I can't go to my son's baseball game.

□ 接続詞⑫　関係代名詞や疑問詞として使われる which が、形容詞の直後に続くのは不自然。**感情を表す形容詞**にはしばしば **that 節**が続いて、その感情の**原因・理由**を表します。この that は口語ではよく省略されます。

12 [正解] （誤）most → （正）best

○ *Jiro* ranks as one of the world's best sushi restaurants.

□ 最上級㉑　「one of the ＋形容詞の最上級＋複数名詞」で「最も…な１つ」ですが、ここでの最上級には、文意から **best**（最高の）を当てはめる必要があります。

13 [正解] （誤）has → （正）was

○ The baby was named Elizabeth after Queen Elizabeth.

□ 受け身⑱　**be 動詞＋過去分詞**（～される）の過去形が正解。なお、ここでの前置詞 after は「～にちなんで」の意味。

14 [正解] （誤）sheeps → （正）sheep

○ Some sheep have black wool.

□ 名詞の「数」①　sheep（ヒツジ）は**単複同形**（単数も複数も同じカタチ）の名詞。複数でも語尾に -s は付けず、sheep と表します。

15 [正解] （誤）May → （正）Can

○ Can you ride a horse and spin a plate?

□ 助動詞⑪　相手の**能力**を確認する疑問文なので、Can you ...?（…できますか）が正解。助動詞 may は「推量」「許可」などの意味で使われます。

ドリル１はおしまいです！　しばし休憩。

ドリル 2

目標タイム ⓘ 1分

英文に潜む1語の間違いを見つけて、下線を引きましょう。

1 ジムとキャシーは同じ大学で学んでいます。
Jim and Cathy studies at the same university.

2 もし辞書が古いなら、新しいものを買うべきです。
If your dictionary is old, you should buy a new it.

3 人間は水中では呼吸できません。
Humans mustn't breathe under water.

4 私の部屋には大きすぎるテーブルを買いました。
I bought a table what is too big for my room.

5 この山は普段とても寒いんです。
They're usually very cold on this mountain.

Stage 2

次のページへ Go!

さくっと答え合わせ

1 [正解]（誤）studies →（正）study

○ Jim and Cathy <u>study</u> at the same university.

☐ **動詞③** 動詞の活用は**主語の数**に一致します。主語は Jim and Cathy と複数なので、3人称単数の名詞を受ける studies は不適切です。

2 [正解]（誤）it →（正）one

○ If your dictionary is old, you should buy a new <u>one</u>.

☐ **代名詞⑧** 前出した**可算名詞を繰り返す**代名詞 **one** が、ここでは dictionary（辞書）を表します。a new one で「新しいもの」という意味です。

3 [正解]（誤）mustn't →（正）can't または cannot

○ Humans <u>can't/cannot</u> breathe under water.

☐ **助動詞⑪** **能力**を表す助動詞 can の否定形 can't/cannot（…できない）が適切。mustn't（= must not）だと「…してはいけない」という「禁止」の意味になるため誤りです。

4 [正解]（誤）what →（正）that

○ I bought a table <u>that</u> is too big for my room.

☐ **関係代名詞㉓** 1文中に節、つまり「主語＋動詞」が2つ存在すると見抜き、2つ目の節が table を先行詞とする**関係代名詞節**となるよう修正しましょう。必要になるのは、**主格**の関係代名詞です。（※最近の北米における関係代名詞の使い分けについては、「総合解説」を参照してください）

5 [正解]（誤）They're →（正）It's

○ <u>It's</u> usually very cold on this mountain.

☐ **主語になる it⑨** **天候・寒暖**を表す文の主語には代名詞 **it** を用います。they にはこの用法はありません。

次のページへ Go!

ドリル2　目標タイム ⏱1分

もし迷っても、立ち止まらずに進みましょう。

6 うちの事務所には給湯室がないんですよ。
Our office don't have a staff kitchen.

7 スターバックスでの注文のしかたを教えてくれない？
Can you tell me which to order at Starbucks?

8 試しにヨーグルトとライスを混ぜてみました。
I tried mix yogurt with rice.

9 横山さんは老けて見えますが、まだ25歳です。
Mr. Yokoyama looks oldness, but he's only 25.

10 ご親切にお花を送っていただき、ありがとうございました。
I was very kind of you to send me the flowers.

さくっと 答え合わせ

6 [正解] （誤）don't → （正）doesn't

○ Our office doesn't have a staff kitchen.

□ **動詞③** **3人称単数**の主語を受ける一般動詞の否定形は「**doesn't** +動詞の原形」です。

7 [正解] （誤）which → （正）how

○ Can you tell me how to order at Starbucks?

□ **疑問詞⑩** **疑問詞＋不定詞**は名詞と同じく、主に目的語や補語の働きで使えます。「…する方法」は **how to do** と押さえておきましょう。

8 [正解] （誤）mix → （正）mixing

○ I tried mixing yogurt with rice.

□ **不定詞と動名詞の違い⑰** **try +動詞の -ing 形**で「**試しに…してみる**」という「実際の行動」を表します。不定詞を用い「未完了」の意味を表す tried to mix（混ぜようと努めた［が実際にはできなかった］）と混同しないよう注意。

9 [正解] （誤）oldness → （正）old

○ Mr. Yokoyama looks old, but he's only 25.

□ **紛らわしい文のカタチ④** **動詞＋形容詞**の文型がカギ。見た目の印象について「**…に見える**」と述べるには **look +形容詞**と表します。名詞 oldness を形容詞 old に換えましょう。

10 [正解] （誤）I → （正）It

○ It was very kind of you to send me the flowers.

□ **主語になるit⑨** **It is +形容詞+ of 人+ to do**（…するとは［形容詞］な［人］だ）は、**形式主語 it** を用いた基本表現として覚えましょう。ここでの真主語は不定詞 to send me the flowers です。

次のページへ Go!

ドリル2

目標タイム ⏱1分

さあ、ドリル2のラスト5問にさしかかりました。

11 貯蔵室にワインは残っていますか。
Does there any wine left in the cellar?

12 昼食が済んだら知らせてね。
Just let me know will you've finished your lunch.

13 あなたに出会ったことを僕は決して忘れません。
I will never forget meet you.

14 今日は昨日よりも暑いです。
It's hot today than yesterday.

15 「キャロルの誕生日はいつでしたか」「昨日でしたよ」
"What was Carol's birthday?" "Yesterday."

Stage 2

次のページへ Go!

さくっと答え合わせ

11 [正解]（誤）Does →（正）Is

○ <u>Is</u> there any wine left in the cellar?

□ **紛らわしい文のカタチ④**　不特定の名詞の存在を表す **There is/are ~**（~がある・いる）の疑問文が正解。be 動詞を there の直前に置きます。不可算名詞 wine（ワイン）に合わせ、be 動詞は is を用います。

12 [正解]（誤）will →（正）when

○ Just let me know <u>when</u> you've finished your lunch.

□ **接続詞⑫**　「…**するとき**」は接続詞 **when** を用いて表します。なお、この when 節（副詞節）の中では、未来のことであっても現在時制（現在形か現在完了形）で表します。

13 [正解]（誤）meet →（正）meeting

○ I will never forget <u>meeting</u> you.

□ **不定詞と動名詞の違い⑰**　forget meeting you（**あなたに会ったことを忘れる**）で「会った」という**過去の出来事**を**動名詞**で表しています。不定詞を用いた forget to meet you とすると、「あなたに会う約束を忘れる」という意味になるので注意。

14 [正解]（誤）hot →（正）hotter

○ It's <u>hotter</u> today than yesterday.

□ **比較級・比較表現⑳**　**比較対象**を表す **than** を基に、形容詞 hot（暑い）が**比較級** hotter（より暑い）になるべきと判断しましょう。

15 [正解]（誤）What →（正）When

○ "<u>When</u> was Carol's birthday?" "Yesterday."

□ **疑問詞⑩**　**時**を尋ねるには疑問詞 **when**（いつ）が適切。いつだったかを表す yesterday もヒントに判断しましょう。

お疲れさま。ひと息入れましょう。

ドリル1 & 2 記録表

・ドリル1とドリル2で間違った問題を振り返り、下の表の空欄に✔を転記しましょう。
・✔を入れた問題の合計数を縦列で足し算し、「集計」欄に書き入れましょう。今回、どんな文法を何回間違ったかが分かります。
・間違った問題は、「総合解説」(p.145) も参考にして復習しておきましょう。

集計	文法
/1	①名詞の「数」
/0	②名詞に付くパーツ
/3	③動詞
/2	④紛らわしい文のカタチ
/0	⑤未来または意志
/0	⑥形容詞
/1	⑦副詞
/1	⑧代名詞
/2	⑨主語になる it
/4	⑩疑問詞
/2	⑪助動詞
/4	⑫接続詞
/1	⑬前置詞のキホン
/1	⑭命令・提案・感嘆
/1	⑮不定詞
/0	⑯動名詞
/2	⑰不定詞と動名詞の違い
/0	⑱受け身
/2	⑲mustとhave to
/1	⑳比較級・比較表現
/0	㉑最上級
/1	㉒現在完了形
	㉓関係代名詞

> まごころEvine流!
> 今日のひとこと

とりあえずやってみましょう。結果は必ず出ますから!

　いつまでたっても英語が話せない、聞き取れない。もちろん、これには色んな原因があるのでしょう。が、結局は「単に勉強していないから」が理由のダントツ1位なんではないでしょうか!?「海外に行けばなんとかなる」と思う人も多いのですが、意気込みだけではどうにもならないというのが現実です。
　学習法ばかりに気を取られると始まりませんので、まずは取り掛かりましょう。多くの演習問題を解き、例文を音読しましょう。語学はとにかく習慣化が命。大丈夫、やった分だけ結果はついてきますよ!

ドリル 3

目標タイム ⏱ 1分

英文中の1語の間違いを見つけて、下線を引きましょう。

1 今週の金曜日の夜は何をするんですか。
What are you done this Friday night?

2 ジルは昼食に出ていたので、会えませんでした。
I couldn't meet Jill but she was out for lunch.

3 いつかまたトニーに会えるといいなあ。
I hope to seeing Tony again someday.

4 今日は昨日よりも多くのお客さんが来ています。
We've got many guests today than yesterday.

5 ジョシュは以前インドへ行ったことがあります。
Josh has go to India before.

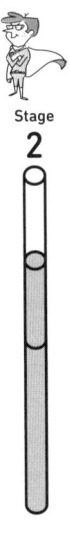

さくっと 答え合わせ

1 [正解] (誤) done → (正) doing

○ What are you <u>doing</u> this Friday night?

□ **動詞③**　近い未来の個人的な予定は、**現在進行形**の **be動詞＋動詞の -ing 形**（…する予定だ）で表しましょう。

2 [正解] (誤) but → (正) because

○ I couldn't meet Jill <u>because</u> she was out for lunch.

□ **接続詞⑫**　原因・理由の副詞節を導く接続詞 **because**（なぜなら…だから）が正解。「逆接」の接続詞 but（しかし…）では文意が不自然。

3 [正解] (誤) seeing → (正) see

○ I hope to <u>see</u> Tony again someday.

□ **不定詞と動名詞の違い⑰**　hope（〜を望む）は**不定詞を目的語にとる**ため、動名詞 seeing は誤り。動詞の語法を常に意識しましょう。

4 [正解] (誤) many → (正) more

○ We've got <u>more</u> guests today than yesterday.

□ **比較級・比較表現⑳**　**比較対象**を表す **than** をヒントに判断。この **more**（より多くの）は形容詞 **many**（多くの）の**比較級**。比較の定番表現「more ＋形容詞 / 副詞の原級」の副詞 more とは用途が異なります。

5 [正解] (誤) go → (正) been

○ Josh has <u>been</u> to India before.

□ **現在完了形㉒**　現在完了形の**経験用法**で **have been to 〜 before**（以前〜へ行ったことがある）がカギ。なお、have gone to 〜 にすると「〜へ行ってしまった（結果、ここにいない）」という「結果」の意味になります。
（※米語では、文脈上「経験」を表すと明らかな場合は have gone to 〜 が経験用法でも用いられることがあります）

ドリル3 目標タイム ①1分

怪しいところはどこ？　素早く見つけましょう。

6 トムのお母さんとお父さんはよく映画を見に行きますか。
Does Tom's mother and father often go to the movies?

7 私は毎朝、朝食にリンゴを1個食べます。
I eat the apple for breakfast every morning.

8 ボブは本当に早口だから、ほとんどついていけません。
Bob speaks so fast which I can hardly keep up with him.

9 大みそかにはいつも何をしますか。
What do you usually do in New Year's Eve?

10 サトミはフランス語の勉強を諦めました。
Satomi gave up study French.

さくっと 答え合わせ

6 [正解]（誤）Does →（正）Do

○ <u>Do</u> Tom's mother and father often go to the movies?

☐ **動詞③** 　一般動詞を含む疑問文で、文頭に用いる do/does は**主語の人称と数**に合わせます。ここでの主語 Tom's mother and father（トムの母と父）は3人称複数。does は3人称単数（he/she/it など）の主語に用います。

7 [正解]（誤）the →（正）an

○ I eat <u>an</u> apple for breakfast every morning.

☐ **名詞に付くパーツ②** 　互いに知っているある特定のリンゴというわけではないので、定冠詞 the ではなく**不定冠詞 an** が自然。

8 [正解]（誤）which →（正）that

○ Bob speaks so fast <u>that</u> I can hardly keep up with him.

☐ **接続詞⑫** 　副詞 so と接続詞 that のペアを含む定番表現 **so ＋形容詞/副詞＋ that ...**（とても［形容詞/副詞］なので…）と判断。なお、この that は特に口語では省略も可能です。can hardly ... は「ほとんど…できない」という意味。

9 [正解]（誤）in →（正）on

○ What do you usually do <u>on</u> New Year's Eve?

☐ **前置詞のキホン⑬** 　**特定の日**を指すには前置詞 **on** を使います。in は in June（6月に）、in the morning（午前中に）などの「時間幅」を表します。

10 [正解]（誤）study →（正）studying

○ Satomi gave up <u>studying</u> French.

☐ **不定詞と動名詞の違い⑰** 　**give up**（～を諦める）は**目的語に動名詞をとる**句動詞の代表例です。gave up to study（×）としないよう注意。

次のページへ Go!

ドリル3　目標タイム ⏱1分

あと5問、さくっと行きますよ！

11 サトシは真夜中にシカゴから私に電話をかけてきました。
Satoshi spoke me from Chicago in the middle of the night.

12 そのクッキーおいしいですね。もう1枚もらっていいですか。
Those cookies are nice. Can I have other?

13 うちの子どもたちにとって、海外生活は人生を変える経験でした。
Live abroad was a life-changing experience for our children.

14 今までに英語で日記をつけたことはありますか。
Are you ever kept a diary in English?

15 僕の本棚から好きな本をどれでも持って行っていいですよ。
You can take anything book you like from my bookshelf.

次のページへ Go!

さくっと答え合わせ

11 [正解] (誤) spoke → (正) called

○ Satoshi called me from Chicago in the middle of the night.

□ **紛らわしい文のカタチ④**　**他動詞＋目的語**のカタチで文意に合う動詞が必要です。speak（[人に]話す）は自動詞で、speak to me（私に話す）のように前置詞を伴います。

12 [正解] (誤) other → (正) another

○ Those cookies are nice. Can I have another?

□ **代名詞⑧**　「別のもう1つ・もう1人」を指す **another** が正解。the other（2つ・2人のうちの他方）、the others（残りの物・人たちすべて）、others（別の不特定の複数）との違いに注意。

13 [正解] (誤) Live → (正) Living

○ Living abroad was a life-changing experience for our children.

□ **動名詞⑯**　「主語＋be動詞」（[主語]は～である）のカタチにまず注目。主語は名詞ですから動詞の原形 live は誤り。動詞を名詞化した**動名詞** living（生活すること）が正解です。

14 [正解] (誤) Are → (正) Have

○ Have you ever kept a diary in English?

□ **現在完了形㉒**　**経験の有無**を尋ねるため、現在完了形の**経験用法**を疑問文 Have you ever ...?（今までに…したことがありますか）にすれば正解です。

15 [正解] (誤) anything → (正) any

○ You can take any book you like from my bookshelf.

□ **形容詞⑥**　形容詞 **any** は肯定文で使うと「どの～でも、どんな～でも」という意味になります。anything（何でも）は代名詞で、book を修飾できません。

ドリル3はおしまいです！　しばし休憩。

ドリル 4

目標タイム ⏱1分

英文に含まれる間違いに下線を引きましょう。

1 ブライアンはどういうわけで日本へ来たの？
Why brought Bryan to Japan?

2 （紙など）何か書きつける物が必要です。
I need something to written on.

3 このメロンは私の頭と同じくらいの大きさがあります。
This melon is as bigger as my head.

4 よければ、妹の部屋で着替えて構いませんよ。
You must get changed in my sister's room, if you want.

5 君はなんてかわいいのでしょう！
What cute you are!

さくっと 答え合わせ

1 [正解]（誤）Why →（正）What

○ <u>What</u> brought Bryan to Japan?

☐ **疑問詞⑩** **主語になる疑問詞**が必要。why（なぜ）は疑問副詞で主語に使えません。what（何）を主語とし、「What brought ＋人＋ to ～?」（何が［人］を～へ連れてきたのですか、どうして［人］は～へ来たのですか）のカタチにしましょう。

2 [正解]（誤）written →（正）write

○ I need something to <u>write</u> on.

☐ **不定詞⑮** write on something（何かの上に書きつける）という「動詞＋前置詞＋目的語」が基のカタチです。代名詞 something を後ろから不定詞 to write on で修飾し（**後置修飾**）、正しい**形容詞的用法**にしましょう。

3 [正解]（誤）bigger →（正）big

○ This melon is as <u>big</u> as my head.

☐ **比較級・比較表現⑳** **as ... as ～**（～と同じくらい…だ）で2つの as の間には**原級**の形容詞が入ります。

4 [正解]（誤）must →（正）can

○ You <u>can</u> get changed in my sister's room, if you want.

☐ **助動詞⑪** **許可**を表す助動詞の代表例は **can** です。may（…してよろしい）もアリですが、目上の立場からの発言に聞こえがちです。

5 [正解]（誤）What →（正）How

○ <u>How</u> cute you are!

☐ **命令・提案・感嘆⑭** 驚きを表す**感嘆文**である **How ＋形容詞＋主語＋動詞！**のカタチです。What を用いた「What (a/an) ＋形容詞＋名詞＋主語＋動詞！」との違いに注意。なお、いずれも「主語＋動詞」は省略 OK です。

次のページへ Go!

ドリル4　目標タイム ⏱1分

次の5問、よく注意して解いてくださいね。

6 私はいくつか新しい家具を買いたいんです。
I want to buy some new furnitures.

7 私たちは連絡を取り続けようと約束しました。
We promised to keeping in touch.

8 昨日は何時に帰宅したの？
What time did you get house yesterday?

9 5万円で会社が作れるはずがありません。
It didn't be possible to set up a company for 50,000 yen.

10 北海道は日本のどの都府県よりも大きいです。
Hokkaido is largest than any other prefecture in Japan.

さくっと答え合わせ

6 [正解] (誤) furnitures → (正) furniture

○ I want to buy some new <u>furniture</u>.

☐ **名詞の「数」①**　furniture は「家具類」を集合的に指す不可算名詞。よって、**複数形では用いません**。なお、some（いくつか）は不可算名詞・可算名詞（複数形）のいずれにも使用できます。

7 [正解] (誤) keeping → (正) keep

○ We promised to <u>keep</u> in touch.

☐ **不定詞と動名詞の違い⑰**　promise（～を約束する）は**不定詞のみを目的語にとる**他動詞。不定詞のみをとる動詞と、動名詞のみをとる動詞は、それぞれ代表的な例を覚えておきましょう。

8 [正解] (誤) house → (正) home

○ What time did you get <u>home</u> yesterday?

☐ **副詞⑦**　自動詞 get（行く、着く）の直後には**場所**を表す**副詞** home（家へ、家に）が適切。house（家）は名詞なので不適切です。なお、副詞には前置詞が不要なので、get <u>to</u> home（×）とはなりません。

9 [正解] (誤) didn't → (正) can't または cannot

○ It <u>can't/cannot</u> be possible to set up a company for 50,000 yen.

☐ **助動詞⑪**　「…であるはずがない」という**可能性の否定**には **can't/cannot** を用います。It は to set up 以下を表す形式主語。

10 [正解] (誤) largest → (正) larger

○ Hokkaido is <u>larger</u> than any other prefecture in Japan.

☐ **比較級・比較表現⑳**　**比較級＋ than ＋ any other 単数名詞**で「ほかのどの［名詞］よりも…だ」。意味は最上級（最も…だ）と同様でも、形容詞 large（大きい）の比較級 larger（より大きい）を使います。

次のページへ Go!

ドリル4　目標タイム ⏱1分

ラストスパートです。加速しましょう！

[11] 私はパーティーでブルックスさんに数回お会いしたことがあります。
I was seen Ms. Brooks several times at parties.

[12] ギターを弾いているあの男は実にかっこいいねえ！
That guy play the guitar looks really cool!

[13] 君はガーデニングが本当に好きだよね。
You love gardening, aren't you?

[14] 2室のうちこちらは予約済みで、もう1室はご利用できます。
Of the two rooms, this one is reserved and an other is available.

[15] その家はある有名なイギリス人建築家によって設計されました。
The house has designed by a famous British architect.

次のページへ Go!

さくっと答え合わせ

11 [正解]（誤）was →（正）have

○ I have seen Ms. Brooks several times at parties.

□ **現在完了形㉒**　現在までに「…したことがある」と**経験**を表す現在完了形の**経験用法**です。経験回数を表す several times（数回）にも着目。I was seen だと「私は見られた」という受け身の表現になってしまいます。

12 [正解]（誤）play →（正）playing

○ That guy playing the guitar looks really cool!

□ **名詞に付くパーツ②**　「ギターを弾いているあの男」を表すため、動詞 play（〜を弾く）を**現在分詞** playing（〜を弾いている）に変え、名詞 guy（男）を後ろから修飾（**後置修飾**）すれば正解です。

13 [正解]（誤）aren't →（正）don't

○ You love gardening, don't you?

□ **紛らわしい文のカタチ④**　相手に**同意**を求める**付加疑問文**。一般動詞 love（〜を愛する）を含む肯定文 You love gardening に対して、付加部分は否定形 don't you? が適切です。

14 [正解]（誤）an →（正）the

○ Of the two rooms, this one is reserved and the other is available.

□ **代名詞⑧**　特定の２つのうち「**もう一方、他方**」を指すには、**the other** を用います。an other（×）というカタチはありません。

15 [正解]（誤）has →（正）was

○ The house was designed by a famous British architect.

□ **受け身⑱**　他動詞 design（〜を設計する）の目的語 the house（その家）を主語に、過去形の**受け身**の表現にすれば正解。「was ＋過去分詞＋ by ＋動作主」（［動作主］によって…された）のカタチです。

お疲れさま。ひと息入れましょう。

ドリル3＆4　記録表

・ドリル3とドリル4で間違った問題を振り返り、下の表の空欄に✔を転記しましょう。
・✔を入れた問題の合計数を縦列で足し算し、「集計」欄に書き入れましょう。今回、どんな文法を何回間違ったかが分かります。
・間違った問題は、「総合解説」（p.145）も参考にして復習しておきましょう。

集計	文法
/1	① 名詞の「数」
/2	② 名詞に付くパーツ
/2	③ 動詞
/2	④ 紛らわしい文のカタチ
/0	⑤ 未来または意志
/1	⑥ 形容詞
/1	⑦ 副詞
/2	⑧ 代名詞
/0	⑨ 主語になる it
/1	⑩ 疑問詞
/2	⑪ 助動詞
/2	⑫ 接続詞
/1	⑬ 前置詞のキホン
/1	⑭ 命令・提案・感嘆
/1	⑮ 不定詞
/1	⑯ 動名詞
/3	⑰ 不定詞と動名詞の違い
/1	⑱ 受け身
/0	⑲ must と have to
/3	⑳ 比較級・比較表現
/0	㉑ 最上級
/3	㉒ 現在完了形
/0	㉓ 関係代名詞

> まごころ Evine 流！
> ## 今日のひとこと

悩んで立ち止まらない。
続けることが語学の本質です。

　英語に限らず何事もそうでしょうが、ある程度習得するまでは、楽しさよりも悩みの方が多いものです。最初から「悩んで当然」という姿勢でぶつかっていきましょう。そうしないと、心が折れてしまいます。

　語学は結果が見えづらいとよく言われます。でも、結果を出すことに縛られるのではなく、結果が出るまで諦めない粘りこそが大切です。思うように話せない、文法が分からない。だからこそ、話せる、分かるまで「やり続ける」ことが必要なんです。

　あれこれ悩み立ち止まる時間はもったいない。半分の理解でもいいから、とにかく先に進みましょう。視野を広げることで、解決できる悩みだってたくさんあるはずです。

ドリル 5

目標タイム ⏰ 1分

英文に隠れた1語の間違いを見つけて、下線を引きましょう。

1 事実を教えてください。
Please tell me a truth.

2 エビンさんは日本人だと言う人もいますし、日本人ではないと言う人もいます。
Other say Mr. Evine is Japanese. Others say he isn't.

3 私は上司に何と言えばいいのか全く分かりません。
I just don't know whom to say to my boss.

4 永福レンジャーズが試合に勝ったというのは本当です。
It's true which the Eifuku Rangers won the game.

5 機内での喫煙は禁じられています。
You haven't smoke on the airplane.

Stage 2

次のページへ Go!

さくっと答え合わせ

1 [正解] (誤) a → (正) the

○ Please tell me the truth.

□ **名詞の「数」①** 　　抽象概念を表す truth（事実、真実）は具体的に数えられない**不可算名詞**。よって不定冠詞 a は付きません。また、「事実」は当事者の間で「特定」と考えられ、しばしば定冠詞 the とともに用いられます。

2 [正解] (誤) Other → (正) Some

○ Some say Mr. Evine is Japanese. Others say he isn't.

□ **代名詞⑧** 　　「**不特定の複数の人々**」を指す代名詞は **some**。Some .... Others 〜．（…する人もいれば、〜する人もいる）という対比表現も覚えましょう。

3 [正解] (誤) whom → (正) what

○ I just don't know what to say to my boss.

□ **疑問詞⑩** 　　疑問詞＋不定詞の表現のうち、**what to do** で「何をすべきか」という意味。ここでは say（〜を言う）の目的語が what（何）に当たります。

4 [正解] (誤) which → (正) that

○ It's true that the Eifuku Rangers won the game.

□ **接続詞⑫** 　　It is ... that 節で「**[that 節] ということは…だ**」という意味。真主語は接続詞 that 以下ですが、it が形式主語として冒頭に出ています。なお、この that は特に口語では省略できます。

5 [正解] (誤) haven't → (正) mustn't または can't

○ You mustn't/can't smoke on the airplane.

□ **must と have to ⑲** 　　「…することを禁じる」という**禁止**を表すには助動詞 must の否定形 **mustn't**（= must not）が最適です。ここでは他に、「不許可」（…してはいけない）を表す can't（= cannot）も使えます。

次のページへ Go!

ドリル 5　目標タイム ⏱ 1分

間違いをどう変えれば正しくなるかも考えましょう。

6 モロッコへの旅はあなたが予想する以上に刺激的なものになるでしょう。
The trip to Morocco will be much exciting than you expect.

7 もうビザは申請しましたか。
Have you applied for the visa still?

8 私を乗せるために止まってくれる車はありませんでした。
No cars stopped to giving me a ride.

9 僕には最も量の少ないワインが出されました。
I was given the little amount of wine to drink.

10 私は3時半までに事務所に戻っていなければいけませんでした。
I must to be back at the office by 3:30.

さくっと 答え合わせ

6 [正解] (誤) much → (正) more

○ The trip to Morocco will be <u>more</u> exciting than you expect.

☐ **比較級・比較表現 ⑳**　**比較対象**を表す **than** をヒントに、exciting（刺激的な）の**比較級** more exciting（より刺激的な）が正解と判断しましょう。

7 [正解] (誤) still → (正) yet

○ Have you applied for the visa <u>yet</u>?

☐ **現在完了形 ㉒**　ある行動が**完了**したか尋ねる現在完了形の疑問文では、副詞 **yet**（もう…しましたか）がカギ。still は「いまだに…している」という意味なので不適切です。

8 [正解] (誤) giving → (正) give

○ No cars stopped to <u>give</u> me a ride.

☐ **不定詞と動名詞の違い ⑰**　文意から**自動詞 stop + to do**（…するために立ち止まる）が正解。**目的**（…するために）を表す**副詞的用法の不定詞**を含むカタチです。**他動詞 stop +動名詞**（…するのをやめる）と意味を区別して覚えておきましょう。

9 [正解] (誤) little → (正) least

○ I was given the <u>least</u> amount of wine to drink.

☐ **最上級 ㉑**　形容詞 **little**（少量の）の**最上級**は不規則変化で the **least**（一番少ない）となります。

10 [正解] (誤) must → (正) had

○ I <u>had</u> to be back at the office by 3:30.

☐ **mustとhave to ⑲**　「…しなければならなかった」という過去時制がポイント。must は現在時制のみに使われるため、**have to の過去形 had to** を用います。

次のページへ Go!

ドリル5

目標タイム ⏱1分

「ん？」と引っかかったら、そこが間違いかも。

11 穂高岳は私が今までに登った中で一番高い山です。
Mt. Hotaka is the highest mountain what I've ever climbed.

12 彼女は私たちにチキンパイを作ってくれました。
She made our a chicken pie.

13 その生徒は辞書を持っていませんでした。
The student didn't have some dictionaries.

14 あなたは週に何回運動するんですか。
How many do you work out a week?

15 もしアイナを見かけたら、あなたの言葉を伝えましょう。
Though I see Aina, I'll give her your message.

さくっと答え合わせ

11 [正解] (誤) what → (正) that

○ Mt. Hotaka is the highest mountain <u>that</u> I've ever climbed.

□ **関係代名詞㉓**　先行詞を最上級などで**特定**した場合、関係代名詞は通常、**that** です。ここでの that は先行詞 mountain を指す目的格の関係代名詞です。

12 [正解] (誤) our → (正) us

○ She made <u>us</u> a chicken pie.

□ **紛らわしい文のカタチ④**　他動詞 make（〜を作る）は **make ＋目的語1（人）＋目的語2（物）** と目的語を2つとることができます。ここでの目的語1は us（私たち）、目的語2は a chicken pie（チキンパイ）。our（私たちの）は所有格なので不適切。

13 [正解] (誤) some → (正) any

○ The student didn't have <u>any</u> dictionaries.

□ **形容詞⑥**　否定文中の **any ＋複数名詞**で「〜が全くない」という意味になります。原則として否定文中では some は使いません。

14 [正解] (誤) many → (正) often

○ How <u>often</u> do you work out a week?

□ **疑問詞⑩**　程度を尋ねる疑問詞 how（どれくらい）が副詞 often（しばしば）とともに用いられると、**How often do you ...?**（あなたはどれくらいの頻度で…しますか）と**頻度**を尋ねる定番表現になります。work out は「運動する」という意味。

15 [正解] (誤) Though → (正) If

○ <u>If</u> I see Aina, I'll give her your message.

□ **接続詞⑫**　**条件・仮定**を表す副詞節を導く接続詞 **if**（もし…なら）が正解。未来のことでも、if 節の中は現在時制になります。

ドリル5はおしまいです！　しばし休憩。

ドリル6

目標タイム ⏱1分

Stage 2 最後のドリルです。では、行きますよ！

1. 医者は私に数日間安静にするようにと言いました。
   The doctor said me to stay in bed for a few days.

2. その3つのオプショナル・ツアーのうち、一番安いコースはどれですか。
   Which is the cheaper course of the three optional tours?

3. 私は日本語を流ちょうに話せるインド人ツアーガイドを探しています。
   I'm looking for an Indian tour guide you can speak Japanese fluently.

4. エビンさんの机の上に面白そうな本を見つけました。その本は『変身のしかた』という書名でした。
   I found an interesting book on Mr. Evine's desk. A book was titled *How to Transform Yourself*.

5. 彼の決定についての君の気持ちは分かります。
   I know how to feel about his decision.

Stage 2

次のページへ Go!

さくっと答え合わせ

1 [正解]（誤）said →（正）told

○ The doctor <u>told</u> me to stay in bed for a few days.

□ **不定詞⑮**　　**tell ＋人＋ to do**（…するよう［人］に言う）のカタチに変えましょう。say にこの用法はありません。

2 [正解]（誤）cheaper →（正）cheapest

○ Which is the <u>cheapest</u> course of the three optional tours?

□ **最上級㉑**　　3つ（3人）以上の中で「一番」は形容詞・副詞の**最上級**で表します。比較対象の「範囲」を表す前置詞 of にも注意。

3 [正解]（誤）you →（正）who

○ I'm looking for an Indian tour guide <u>who</u> can speak Japanese fluently.

□ **関係代名詞㉓**　　can speak（〜を話せる）の主語は you（あなた）ではなく an Indian tour guide（インド人ツアーガイド）。これを先行詞とする**主格**の関係代名詞 **who** が正解です。（※最近の北米における関係代名詞の使い分けについては、「総合解説」を参照してください）

4 [正解]（誤）A →（正）The

○ I found an interesting book on Mr. Evine's desk. <u>The</u> book was titled *How to Transform Yourself*.

□ **名詞に付くパーツ②**　　「見つけた面白そうな本」と既に登場した情報には、**情報を特定する定冠詞 the** を用いるのが自然です。不定冠詞 a/an は相手にとって初耳の不特定情報を表します。

5 [正解]（誤）to →（正）you

○ I know how <u>you</u> feel about his decision.

□ **疑問詞⑩**　　他動詞 know（〜が分かる）の目的語になる**間接疑問文**「疑問詞＋主語＋動詞」。how to feel だと「（自分の）感じ方」になります。

次のページへ Go!

ドリル6 目標タイム ⏱1分

文の構造を常に意識する。それがコツです。

6 私の趣味の1つに靴の収集があります。
One of my hobbies is collect shoes.

7 そのパーティー客の中で、私のいとこが一番よく食べました。
My cousin ate the much of all the guests at the party.

8 リサは一度もロンドンへ行ったことがありません。
Risa didn't never been to London.

9 問題はそのバス路線に関する情報が全く見つからないということです。
The problem does that I can't find any information about the bus route.

10 お姉さん(妹さん)の昇進について聞いたらジェーンは喜ぶでしょうね。
Jane will be happy to heard about her sister's promotion.

Stage 2

次のページへ Go!

さくっと答え合わせ

6 [正解] (誤) collect → (正) collecting

○ One of my hobbies is <u>collecting</u> shoes.

☐ **動名詞⑯**　is と collect の2つの動詞が並ぶのは文法的に誤り。主語 one of my hobbies（私の趣味の1つ）を受ける**補語**として collect を**動名詞** collecting（集めること）にしましょう。

7 [正解] (誤) much → (正) most

○ My cousin ate the <u>most</u> of all the guests at the party.

☐ **最上級㉑**　「of ＋複数名詞」で「どの中で一番」なのかを表しています。副詞 **much**（たくさん）の**最上級** the **most**（最も多く）が正解です。

8 [正解] (誤) didn't → (正) has

○ Risa <u>has</u> never been to London.

☐ **現在完了形㉒**　「一度も…したことがない」を表すため、現在完了形の**経験用法**で副詞 never（決して…ない）を用いましょう。never に否定の意味が含まれるので、<u>hasn't</u> never（×）は誤りです。

9 [正解] (誤) does → (正) is

○ The problem <u>is</u> that I can't find any information about the bus route.

☐ **接続詞⑫**　主語 the problem（問題）の内容を表す**補語としての that 節**がカギ。does を is にすると、「主語＋be動詞＋補語」（[主語] は〜だ）の正しいカタチになります。

10 [正解] (誤) heard → (正) hear

○ Jane will be happy to <u>hear</u> about her sister's promotion.

☐ **不定詞⑮**　副詞的用法の不定詞の1つ。**感情を表す形容詞＋ to do** で**感情の原因・理由**を表します。

ドリル6　目標タイム ⏱1分

正誤問題もこれで最後。走り抜けましょう。

[11] この着物は祖母が私に作ってくれました。
This kimono has made for me by my grandmother.

[12] 地面には厚く落ち葉が積もっていました。
The ground was thick with falling leaves.

[13] これは私がとてもよく使用する辞書です。
This is the dictionary when I use very often.

[14] 38人の受験者のうち試験に合格したのはたった2人。残りは皆、落ちました。
Only 2 of the 38 examinees passed the test. The other failed.

[15] 帰るとき、忘れず電気を消してください。
Please remember to turning off the light before you leave.

さくっと答え合わせ

11 [正解]（誤）has →（正）was

○ This kimono was made for me by my grandmother.

□ **受け身**⑱　My grandmother made ～（祖母が～を作りました）の目的語 this kimono（この着物）を主語にして、**受け身**に変えた構文です。

12 [正解]（誤）falling →（正）fallen

○ The ground was thick with fallen leaves.

□ **名詞に付くパーツ**②　**過去分詞** fallen（落ちた）で名詞 leaves（葉）を前から修飾（**前置修飾**）します。fall（落ちる）のような自動詞の過去分詞は**完了**を表します。現在分詞 falling は「ひらひらと落ちている」最中を表すのでここでは不適切。

13 [正解]（誤）when →（正）that

○ This is the dictionary that I use very often.

□ **関係代名詞**㉓　**目的格**の関係代名詞 **that** が正解です。他動詞 use（～を使う）の目的語 dictionary（辞書）が先行詞です。（※最近の北米における関係代名詞の使い分けについては、「総合解説」を参照してください）

14 [正解]（誤）other →（正）others

○ Only 2 of the 38 examinees passed the test. The others failed.

□ **代名詞**⑧　特定の 38 人のうち、2 人を除いた「**残り全員**」を表すには **the others** と複数形にしましょう。

15 [正解]（誤）turning →（正）turn

○ Please remember to turn off the light before you leave.

□ **不定詞と動名詞の違い**⑰　「**忘れず～を消す**」を表すには**不定詞**を用いて **remember to turn off ～** とします。動名詞を用いて単純に「記憶」を述べた remember turning off ～（～を消したことを覚えている）との違いに注意。

お疲れさま。ひと息入れましょう。

ドリル 5 & 6 記録表

- ドリル5とドリル6で間違った問題を振り返り、下の表の空欄に✔を転記しましょう。
- ✔を入れた問題の合計数を縦列で足し算し、「集計」欄に書き入れましょう。今回、どんな文法を何回間違ったかが分かります。
- 間違った問題は、「総合解説」(p.145) も参考にして復習しておきましょう。

① 名詞の「数」	② 名詞に付くパーツ	③ 動詞	④ 紛らわしい文のカタチ	⑤ 未来または意志	⑥ 形容詞	⑦ 副詞	⑧ 代名詞	⑨ 主語になるit	⑩ 疑問詞	⑪ 助動詞	⑫ 接続詞	⑬ 前置詞のキホン	⑭ 命令・提案・感嘆	⑮ 不定詞	⑯ 動名詞	⑰ 不定詞と動名詞の違い	⑱ 受け身	⑲ mustとhaveto	⑳ 比較級・比較表現	㉑ 最上級	㉒ 現在完了形	㉓ 関係代名詞	集計 / 文法
/1	/2	/0	/1	/0	/1	/0	/2	/0	/3	/0	/3	/0	/0	/2	/1	/2	/1	/2	/1	/3	/2	/3	

> まごころ Evine 流！
> **今日のひとこと**

本当に行き詰まったら休みましょう！

　Evine はストイックな講師だとよく言われるんですが、それは誤解。「何が何でもやらなきゃ！」という義務感で無理するのはナンセンスだと、本人は思っていますから。休むと決めたらその日はとことんリフレッシュしてください。中途半端はいけません。前向きな完全オフです！　ジャンル問わず好きなことをやって、思いっきり羽を伸ばすことです。

　ポイントは完全に語学を忘れてみること。やらないなら、全くやらないでいいんじゃないでしょうか。そこで頭の切り替えが確実にできれば、休んだ後の再開もスムーズです。「よし、また始めよう」という気合いが沸々と湧いてくるはずですよ。

Stage 3

パズルで文を完成!
——並べ替え問題——

さあ、最後のステージが幕を開けます。今回の問題は
順不同に示された語句を、意味の通る語順に並べ替えること。
パズルのピースを動かすように
前後を意識して、正しい英文を完成させましょう。

Stage 3 の進め方

Stage 3 では**並べ替え問題**に挑戦します。
空欄にどんな語句が当てはまるか考えて、英文を完成させる問題です。

解き方

日本語に合わせて①〜④の語句を正しく並べ替え、2つの☐に入る番号を正しい順に記入しましょう。なお、文頭に来る語も基本的に小文字で示しています。

ドリルの進め方

問1〜5 ▶ 答え合わせ → 問6〜10 ▶ 答え合わせ → 問11〜15 ▶ 答え合わせ

・このように、5問解くごとに答え合わせをします。答え合わせが終わったら、すぐ次の5問に進みましょう。

・5問を1分以内に解くのが目標です。できるだけ止まらず、スピーディーに解けるかどうか挑戦してみてください。

答え合わせのしかた

正解に続く解説では、その問題でどんな文法が問われたかが、「動詞③」などのマークで示されています（③などの丸数字は、p.145からの「総合解説」に対応します）。

・もし間違ったら、このマークの左横にある☐に✔を書き入れておきましょう。
　例　✔動詞③

・後日、✔を付けた問題を「記録表」(p.115、p.129、p.143) に照らすと、苦手な文法の傾向が分かります（詳しい照合方法は、「記録表」の指示を参照してください）。

では、右のページから始めましょう！

ドリル1

目標タイム ①1分

空欄 □ に入る語句の番号を記入しましょう。

1 私は自分の本をメグミにあげました。
I □ □ Megumi.
[①gave ②book ③to ④my]

2 コーヒーと一緒に何か甘い物が欲しいです。
I want to □ □ my coffee.
[①sweet ②something ③with ④have]

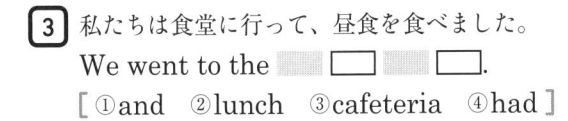

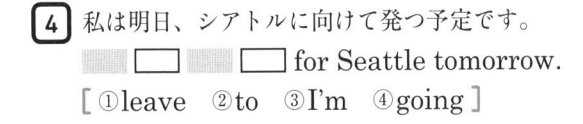

3 私たちは食堂に行って、昼食を食べました。
We went to the □ □.
[①and ②lunch ③cafeteria ④had]

4 私は明日、シアトルに向けて発つ予定です。
□ □ for Seattle tomorrow.
[①leave ②to ③I'm ④going]

5 自然環境を保護するのは誰の責任ですか。
□ □ to protect the environment?
[①is ② responsibility ③whose ④it]

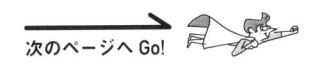

Stage 3

次のページへ Go!

さくっと答え合わせ

1 [正解] ① gave ② book

○ I gave my book to Megumi.

□ 紛らわしい文のカタチ④　「give ＋目的語１（人）＋目的語２（物）」（[人]に [物] をあげる）を言い換えた **give ＋目的語２＋ to 目的語１** の過去形です。前者は「物」、後者は「人」により焦点を合わせた言い方です。

2 [正解] ② something ③ with

○ I want to have something sweet with my coffee.

□ 形容詞⑥　代名詞 something（何か）を修飾する形容詞は、something の直後に置かれます（**後置修飾**）。

3 [正解] ① and ② lunch

○ We went to the cafeteria and had lunch.

□ 接続詞⑫　接続詞 **and** で動作・出来事をつなぎ**時間的な前後**を表しています。「食堂へ行く」、それから「昼食を食べる」という流れです。「昼食を食べる」人は「食堂へ行く」人と同一人物なので、and 直後の主語は省略されています。

4 [正解] ④ going ① leave

○ I'm going to leave for Seattle tomorrow.

□ 未来または意志⑤　**既に決められた予定**を述べる **be going to do**（…する予定だ）がポイントです。なお、leave for 〜は「〜へ向けて出発する」という意味。

5 [正解] ③ whose ① is

○ Whose responsibility is it to protect the environment?

□ 疑問詞⑩　「誰の〜ですか」を表す **whose ＋名詞**のカタチに並べ替えましょう。なお、it は to 以下の内容を表す形式主語です。

次のページへ Go!

ドリル 1　目標タイム ⏱1分

どの語順なら意味が通るか、しっかり考えましょう。

6 アメリカで最も有名な俳優は誰ですか。
　　Who ☐ ☐ ☐ actor in the U.S.?
　　[①is　②famous　③the　④most]

7 私は大学時代からずっと名古屋にいます。
　　☐ ☐ ☐ since college.
　　[①Nagoya　②in　③I've　④been]

8 彼は昨日、打ち合わせに出席したんですか。
　　☐ ☐ ☐ meeting yesterday?
　　[①attend　②he　③did　④the]

9 私はゴルフを習い始めようと決心しました。
　　☐ ☐ ☐ learning golf.
　　[①decided　②start　③to　④I've]

10 どこでそのスカーフを手に入れたんですか。
　　☐ ☐ ☐ that scarf?
　　[①did　②get　③where　④you]

次のページへ Go!

さくっと答え合わせ

6 [正解] ① is ④ most

○ Who is the most famous actor in the U.S.?

□ **最上級㉑**　famous は最上級で (the) **most ＋原級**となるタイプの形容詞です。Who is ～?（～は誰ですか）と「人」を尋ねる疑問文も押さえましょう。

7 [正解] ④ been ① Nagoya

○ I've been in Nagoya since college.

□ **現在完了形㉒**　「be ＋ in ＋場所」（[場所] にいる）を**継続用法**（～以来ずっと…である、～以来ずっと…している）の現在完了形にしたカタチです。

8 [正解] ③ did ① attend

○ Did he attend the meeting yesterday?

□ **動詞③**　過去の出来事を尋ねる**一般動詞の疑問文**です。Did を先頭に出します。

9 [正解] ① decided ② start

○ I've decided to start learning golf.

□ **不定詞と動名詞の違い⑰**　**decide** は decide to do（…することに決める）で**不定詞**とともに用いられます。

10 [正解] ③ where ④ you

○ Where did you get that scarf?

□ **疑問詞⑩**　疑問詞 **where**（どこ）で始まる疑問文です。疑問詞の後は、一般動詞の疑問文の語順（Did you get that scarf?）と同じになります。

次のページへ Go!

ドリル1 目標タイム ⏱1分

さあ、さくさくどんどん解いていきますよ！

11 私たちは搭乗まで何時間も待たないといけないでしょう。
We ◻ ◻ ◻ for hours before boarding.
[①wait ②will ③to ④have]

12 日本人はその勤勉さで知られています。
◻ ◻ ◻ for their diligence.
[①Japanese ②known ③the ④are]

13 過ぎた失敗のことを気に病むな。
◻ ◻ ◻ past mistakes.
[①your ②worry ③don't ④about]

14 昨夜は『ダイ・ハード』と『ハリー・ポッター』、どちらの映画を観たの？
◻ ◻ ◻ see last night, *Die Hard* or *Harry Potter*?
[①did ②you ③movie ④which]

15 電車が遅れたので、打ち合わせに行くのにタクシーを使いました。
The train was ◻, ◻ ◻ ◻ a taxi to the meeting.
[①so ②took ③I ④delayed]

Stage 3

次のページへ Go!

さくっと答え合わせ

11 [正解] ④ have ① wait

○ We will <u>have</u> to <u>wait</u> for hours before boarding.

☐ **mustとhave to** ⑲　have to do（…しなければならない）に**未来推量**を表す助動詞 **will**（…するだろう）を組み合わせたカタチです。

12 [正解] ① Japanese ② known

○ The <u>Japanese</u> are <u>known</u> for their diligence.

☐ **名詞の「数」**①　「日本人」を全体的に表す Japanese は the が付いて複数扱い。**単複同形**なので -s は付きません。なお、「1 人の日本人」なら a Japanese で単数扱いです。

13 [正解] ③ don't ④ about

○ <u>Don't</u> worry <u>about</u> your past mistakes.

☐ **命令・提案・感嘆** ⑭　「…するな」と直接的な指示を表す、否定の命令文 **Don't ＋動詞の原形**の語順です。

14 [正解] ④ which ① did

○ <u>Which</u> movie <u>did</u> you see last night, *Die Hard* or *Harry Potter*?

☐ **疑問詞** ⑩　疑問詞 which は **which ＋名詞**（どちらの［名詞］）のように名詞とセットで用いることができます。この後には一般動詞の疑問文と同じ語順が続きます。

15 [正解] ① so ② took

○ The train was delayed, <u>so</u> I <u>took</u> a taxi to the meeting.

☐ **接続詞** ⑫　接続詞 so（それで、だから）がカギ。**前出の「原因」を受け、その「結果」を表す**働きがあります。

ドリル1はおしまいです！　しばし休憩。

ドリル2

目標タイム ⏱1分

4つの選択肢を正しい語順に並べましょう。

1 アイコは昇進試験を受ける機会を再び手にしました。
Aiko got a ▢ ▢ ▢ ▢ the promotion exam.
[①chance ②take ③second ④to]

2 申込書は6月末までに送ってください。
Please send your ▢ ▢ ▢ ▢ of June.
[①by ②the ③application ④end]

3 うちの娘は私よりずっと速く走ることができます。
My daughter can ▢ ▢ ▢ ▢ me.
[①than ②run ③faster ④much]

4 富士山には何回登ったことがありますか。
▢ ▢ ▢ ▢ you climbed Mt. Fuji?
[①have ②how ③times ④many]

5 ジェフと僕は同じダンス教室の生徒でした。
Jeff and ▢ ▢ ▢ ▢ same dance class.
[①I ②were ③the ④in]

Stage 3

次のページへ Go!

さくっと答え合わせ

1 [正解] ① chance ② take

○ Aiko got a second <u>chance</u> to <u>take</u> the promotion exam.

☐ **不定詞⑮**　　**形容詞的用法**の不定詞（…するための［名詞］）がポイントです。to take 以下が名詞 chance（機会）を修飾しています。ちなみに a second 〜 で「もう１つの〜、またの〜」という意味です。

2 [正解] ① by ④ end

○ Please send your application <u>by</u> the <u>end</u> of June.

☐ **前置詞のキホン⑬**　　**期限**を表す前置詞 **by**（〜までに）に着目しましょう。by the end of 〜 で「〜末までに」という意味です。

3 [正解] ④ much ① than

○ My daughter can run <u>much</u> faster <u>than</u> me.

☐ **比較級・比較表現⑳**　　比較級を強調する **much**（ずっと、はるかに）は比較級の直前に用いて**差の大きさ**を表します。

4 [正解] ④ many ① have

○ How <u>many</u> times <u>have</u> you climbed Mt. Fuji?

☐ **現在完了形㉒**　　具体的な「経験回数」を尋ねる How many times ...?（何回…しましたか）に、**経験用法**の現在完了形の疑問文を合わせて用いた表現です。

5 [正解] ② were ③ the

○ Jeff and I <u>were</u> in <u>the</u> same dance class.

☐ **動詞③**　　**主語が複数**の場合、それを受ける be 動詞は are か were です。ここでの主語は Jeff and I（ジェフと私）の２人。過去形なので be 動詞は were になります。

次のページへ Go!

ドリル2 目標タイム ⏱1分

単語と単語の前後関係はとても大事です。

6 私は3カ月前にこの町にやってきました。
I arrived in this ▢ ▢ ▢ ▢.
[①months ②ago ③city ④three]

7 この広間には何人のお客が来ているんですか。
How ▢ ▢ ▢ ▢ in this hall?
[①there ②guests ③are ④many]

8 このサンドイッチにマヨネーズを入れたいんです。いくらかありますか。
I want some mayonnaise in this sandwich.
▢ ▢ ▢ ▢?
[①any ②have ③do ④you]

9 あなたの質問はすべて簡単に答えられます。
▢ ▢ ▢ ▢ all your questions.
[①easy ②it's ③to ④answer]

10 私の趣味の1つはケーキを焼くことです。
One of ▢ ▢ ▢ ▢ cakes.
[①my ②is ③hobbies ④baking]

次のページへ Go!

さくっと答え合わせ

6 [正解] ④ three ② ago

○ I arrived in this city <u>three</u> months <u>ago</u>.

□ **副詞⑦** 　**時**を表す副詞に注目。**ago** は「期間」を表す語句の直後に付いて「**(今から) ～前に**」を表します。なお、「(過去のある時点より) ～前に」なら before を用います。

7 [正解] ② guests ① there

○ How many <u>guests</u> are <u>there</u> in this hall?

□ **紛らわしい文のカタチ④** 　「存在」を示す **There ＋ be 動詞＋名詞**の疑問文に、「数」を尋ねる **how many ＋名詞の複数形**（どれくらい多くの [名詞]）を合わせた表現です。

8 [正解] ④ you ① any

○ I want some mayonnaise in this sandwich. Do <u>you</u> have <u>any</u>?

□ **代名詞⑧** 　any（いくらか）を他動詞 have の目的語の位置へ持ってきましょう。この any は代名詞。「形容詞 any ＋名詞」（いくらかの [名詞]）と用途が異なり、単独で用いることができます。

9 [正解] ② it's ③ to

○ <u>It's</u> easy <u>to</u> answer all your questions.

□ **主語になる it⑨** 　**It is ＋形容詞＋ to do**（…することは [形容詞] だ）のカタチです。形式主語 it に対応する真主語は to answer 以下です。

10 [正解] ③ hobbies ④ baking

○ One of my <u>hobbies</u> is <u>baking</u> cakes.

□ **動名詞⑯** 　主語 one of my hobbies（私の趣味の１つ）を説明する**補語**として、動名詞を用いたカタチです。

次のページへ Go!

ドリル2 目標タイム ⏱1分

次の5問が終わったら休憩。もうひとふんばりです。

11 うちのステレオが壊れたので、新しいのを買いました。
My stereo was broken, so I ▢ ▢ ▢.
[①a ②one ③new ④bought]

12 あなたのご自宅から職場まではどれくらいの距離ですか。
▢ ▢ ▢ from your home to your office?
[①it ②how ③is ④far]

13 授業に遅れて申し訳ありません。
I'm ▢ ▢ ▢ for class.
[①that ②I'm ③sorry ④late]

14 帰る途中、車に乗せてくれるよう、彼女に頼むつもりです。
I'll ▢ ▢ ▢ me up on her way home.
[①pick ②her ③to ④ask]

15 ジャックには日本で働く許可が与えられています。
▢ ▢ ▢ permission to work in Japan.
[①been ②Jack ③given ④has]

さくっと答え合わせ

11 [正解] ① a ② one

○ My stereo was broken, so I bought <u>a</u> new <u>one</u>.

□ **代名詞⑧**　前述の**名詞**を一般的に指す代名詞 **one** に注意。ここでは stereo（ステレオ）を指しています。また、通常の名詞と同様に形容詞（ここでは new［新しい］）で修飾可能です。

12 [正解] ④ far ① it

○ How <u>far</u> is <u>it</u> from your home to your office?

□ **主語になる it ⑨**　**How far ...?**（どれくらい遠く…？）の疑問文の中で、主語として**距離**を表す代名詞 **it** が用いられているカタチです。

13 [正解] ① that ④ late

○ I'm sorry <u>that</u> I'm <u>late</u> for class.

□ **接続詞⑫**　**感情を表す形容詞＋接続詞 that** で、that 節ではその感情の**原因・理由**を表しています。この that は特に口語では省略可能です。

14 [正解] ④ ask ③ to

○ I'll <u>ask</u> her <u>to</u> pick me up on her way home.

□ **不定詞⑮**　不定詞を用いた **ask ＋人＋ to do** で「…するよう［人］に頼む」という**依頼**の表現になります。他動詞 ask（［人］に頼む）の目的語 her が、to pick me up 以下の意味上の主語になっています。

15 [正解] ② Jack ① been

○ <u>Jack</u> has <u>been</u> given permission to work in Japan.

□ **受け身⑱**　「**give ＋目的語 1（人）＋目的語 2（物）**」（［人］に［物］を与える）の**目的語 1（人）を主語に、受け身**（be 動詞＋過去分詞）で言い換えた構文。ここでは現在完了形の受け身（has been ＋過去分詞）になっています。

お疲れさま。ひと息入れましょう。

ドリル1&2 記録表

- ドリル1とドリル2で間違った問題を振り返り、下の表の空欄に✔を転記しましょう。
- ✔を入れた問題の合計数を縦列で足し算し、「集計」欄に書き入れましょう。今回、どんな文法を何回間違ったかが分かります。
- 間違った問題は、「総合解説」(p.145) も参考にして復習しておきましょう。

集計	文法
/1	① 名詞の「数」
/0	② 名詞に付くパーツ
/2	③ 動詞
/2	④ 紛らわしい文のカタチ
/1	⑤ 未来または意志
/1	⑥ 形容詞
/1	⑦ 副詞
/2	⑧ 代名詞
/2	⑨ 主語になる it
/3	⑩ 疑問詞
/0	⑪ 助動詞
/3	⑫ 接続詞
/1	⑬ 前置詞のキホン
/1	⑭ 命令・提案・感嘆
/2	⑮ 不定詞
/1	⑯ 動名詞
/1	⑰ 不定詞と動名詞の違い
/1	⑱ 受け身
/1	⑲ must と have to
/1	⑳ 比較級・比較表現
/1	㉑ 最上級
/2	㉒ 現在完了形
/0	㉓ 関係代名詞

> まごころ Evine 流！
> **今日のひとこと**

実用のための文法です。常に「使い方」を意識しましょう。

　例えばひとくちに「育てる」と言っても、英語には grow と raise があります。この違い、分かりますか。答えを明かすと、「野菜・果物を育てる」は grow、「子どもを育てる」は raise と使い分けます。随分、意味が違いますよね。

　このように、単語ひとつとっても、具体的な使い方を知ると知らないとでは大違いです。日本語訳を覚えるだけで終わっては不十分。文法についても、同様のことが言えます。実際にどのような文脈、どのような状況で使われるか、常に意識する姿勢を持ちましょう。

ドリル 3

目標タイム ⏱1分

☐ に入る語句の番号を記入しましょう。

1 私が話しているときは、静かにしてよ。
　☐ ☐ ☐ ☐ talking.
　[①quiet　②I'm　③when　④be]

2 あなたは私よりも上手にポップスが歌えますね。
　You can sing pop ☐ ☐ ☐ ☐.
　[①than　②songs　③better　④me]

3 私のいとこはレンズが2枚付いたカメラを1台欲しがっています。
　My cousin wants a ☐ ☐ ☐ ☐ lenses.
　[①that　②two　③has　④camera]

4 雨が降り出したとき、私は花に水をやっているところでした。
　When it started raining, ☐ ☐ ☐ ☐ flowers.
　[①watering　②was　③the　④I]

5 あなたの笑顔はいつも私を幸せにしてくれます。
　Your ☐ ☐ ☐ ☐ happy.
　[①makes　②me　③always　④smile]

次のページへ Go!

さくっと 答え合わせ

1 [正解] ④ be ③ when

○ <u>Be</u> quiet <u>when</u> I'm talking.

□ **命令・提案・感嘆⑭**　「…でありなさい」と be 動詞の原形で始める**命令・指示**の表現です。接続詞 when ...（…するとき）を一緒に用いている点にも注意。

2 [正解] ③ better ④ me

○ You can sing pop songs <u>better</u> than <u>me</u>.

□ **比較級・比較表現⑳**　副詞 **well**（上手に）の**比較級 better**（より上手に）がカギ。**比較対象**を表す前置詞 **than**（〜より）とセットで覚えておきましょう。

3 [正解] ① that ② two

○ My cousin wants a camera <u>that</u> has <u>two</u> lenses.

□ **関係代名詞㉓**　has two lenses（レンズが 2 枚付いている）の主語（camera）を**主格**の関係代名詞 **that** で言い換えています。

4 [正解] ② was ③ the

○ When it started raining, I <u>was</u> watering <u>the</u> flowers.

□ **動詞③**　過去のある時点（ここでは雨が降り始めたとき）に進行中だった動作を**過去進行形**の was watering（水をやっていた）で表しています。他動詞 water（〜に水をやる）も押さえておきましょう。

5 [正解] ④ smile ① makes

○ Your <u>smile</u> always <u>makes</u> me happy.

□ **紛らわしい文のカタチ④**　**make + O（目的語）+ C（補語）**で「O を C の状態にする」。「頻度」を表す副詞 always（いつも）は通常、一般動詞の前に置きます。

次のページへ Go!

ドリル3　目標タイム ⏱1分

語句の前後関係に注意しましょう。

6 私の娘はもう夕食を終えました。
My ☐ ☐ ☐ ☐ supper.
[①finished　②has　③daughter　④already]

7 うちのネコは金魚鉢のそばで何をしているんだろう。
What is ☐ ☐ ☐ ☐ the fishbowl?
[①my　②doing　③cat　④by]

8 彼女が来るかどうか知っていますか。
Do you ☐ ☐ ☐ ☐?
[①if　②she's　③know　④coming]

9 ケンはまだ走り回るほど本調子ではありません。
Ken isn't ☐ ☐ ☐ ☐ around yet.
[①run　②fit　③to　④enough]

10 あなたは自営業をするつもりですか。
Are ☐ ☐ ☐ ☐ self-employed?
[①be　②going　③to　④you]

次のページへ Go!

さくっと答え合わせ

6 [正解] ② has ① finished

○ My daughter has already finished supper.
□ **現在完了形 ㉒**　現在完了形の**完了用法**が副詞 **already**（既に）と一緒に用いられ、「既に…してしまった」という意味になっています。

7 [正解] ③ cat ④ by

○ What is my cat doing by the fishbowl?
□ **前置詞のキホン ⑬**　**近接**を表す前置詞 **by**（〜のそばに、〜の隣に）に注意。by の持つ他の意味（期限、手段など）も併せて覚えておきましょう。

8 [正解] ① if ④ coming

○ Do you know if she's coming?
□ **接続詞 ⑫**　ここでの **if** は「**…かどうか**」という意味で、if 以下の節（名詞節）が他動詞 know（〜を知っている）の目的語です。「条件・仮定」の副詞節を導く if（もし…なら）とは意味も働きも異なりますので区別して覚えましょう。

9 [正解] ② fit ③ to

○ Ken isn't fit enough to run around yet.
□ **不定詞 ⑮**　fit は「健康な、調子が良い」という意味の形容詞です。**形容詞＋ enough + to do**（…するのに十分なほど［形容詞］である）の語順になるよう並べ替えましょう。

10 [正解] ② going ① be

○ Are you going to be self-employed?
□ **未来または意志 ⑤**　**既に決められた予定**を述べる **be going to do**（…する予定だ）。ここでは疑問文で相手の予定を確認しています。

次のページへ Go!

ドリル3 目標タイム ⏱1分

あと5問、さくっと解いたら休憩です。

11 この課題は難しくはなかったですよね。
This task ☐ ☐, ☐ ☐?
[①was ②wasn't ③it ④difficult]

12 ビスケットをいくつかいかがですか。
☐ ☐ ☐ ☐ biscuits?
[①some ②you ③would ④like]

13 ハワイはその海岸や火山で有名です。
Hawaii ☐ ☐ ☐ ☐ beaches and volcanoes.
[①famous ②is ③its ④for]

14 ジョンは他の少年たちと遊びたいのに、内気すぎて話し掛けることができません。
John wants to play with the other ☐, ☐ ☐ ☐ shy to talk to them.
[①too ②boys ③but ④he's]

15 あなたはお仕事をどうするつもりですか。
☐ ☐ ☐ ☐ to do about a career?
[①do ②you ③plan ④what]

次のページへ Go!

さくっと答え合わせ

11 [正解] ② wasn't ① was

○ This task <u>wasn't</u> difficult, <u>was</u> it?

□ **紛らわしい文のカタチ④**　相手に**同意**を求める**付加疑問文**。否定文 This task wasn't difficult（この課題は難しくなかった）に対し、付加部分は肯定の was it? となります。

12 [正解] ② you ① some

○ Would <u>you</u> like <u>some</u> biscuits?

□ **形容詞⑥**　主に肯定文で用いる印象が強い **some**（いくつかの）ですが、今回のように**相手に何かを勧める**疑問文でも用いられます。

13 [正解] ① famous ③ its

○ Hawaii is <u>famous</u> for <u>its</u> beaches and volcanoes.

□ **代名詞⑧**　代名詞の**所有格** its（それの）はここでは Hawaii's（ハワイの）と同じ意味です。be famous for ～（～で有名である）も押さえましょう。

14 [正解] ③ but ① too

○ John wants to play with the other boys, <u>but</u> he's <u>too</u> shy to talk to them.

□ **接続詞⑫**　**逆接**を表す接続詞 **but**（…だが、しかし）で、but より前とは反対の内容を続けています。too shy to do（内気すぎて…できない）のカタチにも注意。

15 [正解] ④ what ② you

○ <u>What</u> do <u>you</u> plan to do about a career?

□ **疑問詞⑩**　plan to do（…する予定だ）の内容を尋ねる疑問詞 what（何を）を文の先頭に持ってきましょう。その後は一般動詞の疑問文と同様に、do you を前に出した語順です。

ドリル3はおしまいです！　しばし休憩。

ドリル 4

目標タイム ⏱ 1分

□に入る語句の番号を書き込みましょう。

1 佐々木さんが私たちの中で一番上手に英語を話します。
Miss □ □ □ □ out of all of us.
[①speaks ②best ③Sasaki ④English]

2 トミタさんはインドへ行ってしまって、来週まで戻りません。
Mr. Tomita □ □ □ □ and won't be back till next week.
[①has ②to ③India ④gone]

3 私が今訪れたい場所はセントラル・パークです。
The □ □ □ □ visit now is Central Park.
[①to ②want ③place ④I]

4 彼らはその猫をマコと呼びました。
They □ □ □ □.
[①called ②cat ③the ④Mako]

5 誰が僕のチョコレートを食べたの？
□ □ □ □ ?
[①my ②ate ③chocolate ④who]

次のページへGo!

さくっと答え合わせ

1 [正解] ① speaks ② best

○ Miss Sasaki <u>speaks</u> English <u>best</u> out of all of us.

☐ **最上級㉑**　副詞 **well**（上手に）の**最上級 best**（最も上手に）が speaks English（英語を話す）の様子を表します。out of all of us は「私たち全員の中で」。

2 [正解] ④ gone ③ India

○ Mr. Tomita has <u>gone</u> to <u>India</u> and won't be back till next week.

☐ **現在完了形㉒**　現在完了形の**結果用法**（…してしまった）で **have gone to ～**（～へ行ってしまった）の表現が用いられています。

3 [正解] ④ I ① to

○ The place <u>I</u> want <u>to</u> visit now is Central Park.

☐ **名詞に付くパーツ②**　the place（その場所）について、I want to visit now（私が今訪れたい）の節が後ろから情報を加えています（**後置修飾**）。

4 [正解] ① called ② cat

○ They <u>called</u> the <u>cat</u> Mako.

☐ **紛らわしい文のカタチ④**　**call ＋ O（目的語）＋ C（補語）** で「OをCと呼ぶ」。O = C という意味上の関係が成り立ちます。

5 [正解] ④ who ① my

○ <u>Who</u> ate <u>my</u> chocolate?

☐ **疑問詞⑩**　疑問詞 who（誰）が文の主語になり、それを受ける動詞 ate（～を食べた）が続きます。

次のページへ Go!

ドリル4 目標タイム ①1分

正しい語順で英文完成を目指しましょう。

6 お鍋いっぱいシチューをこしらえました。いくらか味見しませんか。

I've cooked a pot of stew. ▢ ▢ ▢ ▢?
[①try　②you　③won't　④some]

7 私と座席を替わっていただけませんか。

Would you ▢ ▢ ▢ ▢ me?
[①changing　②mind　③seats　④with]

8 今晩の姉(妹)はいつもよりたくさんしゃべっています。

My sister is ▢ ▢ ▢ ▢ this evening.
[①than　②more　③talking　④usual]

9 うちの子たちはいつもおなかを空かせているようです。

My ▢ ▢ ▢ ▢ be hungry.
[①kids　②to　③always　④seem]

10 その2つの歴史講座のうち、私はこちら、サトミはもう1つの方を教えています。

Of the two history courses, I teach this one, while ▢ ▢ ▢ ▢.
[①other　②the　③teaches　④Satomi]

次のページへ Go!

さくっと答え合わせ

6 [正解] ② you ④ some

○ I've cooked a pot of stew. Won't <u>you</u> try <u>some</u>?

□ **代名詞⑧**　　**相手に何かを勧める**場合の疑問文では **some**（いくらか）が自然です。ドリル3、問12（p. 122）の形容詞 some（いくつかの）と違ってここでは代名詞なので1語で目的語になります。

7 [正解] ① changing ④ with

○ Would you mind <u>changing</u> seats <u>with</u> me?

□ **不定詞と動名詞の違い⑰**　　他動詞 **mind**（～を嫌だと思う）は**動名詞を目的語にとります**。直訳は「席を替わるのはお嫌ですか」ですが、これは席替えをお願いする丁寧な「依頼」の表現です。

8 [正解] ② more ④ usual

○ My sister is talking <u>more</u> than <u>usual</u> this evening.

□ **比較級・比較表現⑳**　　**a lot** または **much**（たくさん）の**比較級 more**（よりたくさん）がカギ。than usual（いつもより）は決まり文句として覚えておくといいでしょう。

9 [正解] ③ always ② to

○ My kids <u>always</u> seem <u>to</u> be hungry.

□ **副詞⑦**　　**頻度**を表す副詞 **always**（いつも）は通常、一般動詞の前に置かれます。印象を述べる seem to be（…のようだ）も押さえましょう。

10 [正解] ③ teaches ① other

○ Of the two history courses, I teach this one, while Satomi <u>teaches</u> the <u>other</u>.

□ **代名詞⑧**　　「**2つのうちの残りもう1つ**」を指す **the other**。特定のものを表す定冠詞 the を付け忘れないよう注意しましょう。

次のページへ Go!

ドリル4 目標タイム ⏱1分

残り5問です。気合い入れましょう！

11 あなたはどんな日本食が好きですか。
　　　☐　☐　☐ food do you like?
　　［①kind　②what　③of　④Japanese］

12 あなたが学び続けるということが重要です。
　　　☐　☐　☐ keep on learning.
　　［①important　②you　③that　④it's］

13 ウシオは上司を説得しようと頑張りました。
　　Ushio ☐　☐　☐ his boss.
　　［①persuade　②tried　③to　④hard］

14 あなたが私たちを訪ねてくれた唯一の人でした。
　　You were ☐　☐　☐ visited us.
　　［①only　②that　③the　④person］

15 私たちのチームが決勝戦に進出するのは容易でした。
　　　☐　☐　☐ our team to reach the finals.
　　［①for　②was　③easy　④it］

Stage 3

次のページへ Go!

さくっと答え合わせ

11 [正解] ① kind ④ Japanese

○ What <u>kind</u> of <u>Japanese</u> food do you like?

□ **疑問詞⑩**　what kind of ~ は「どういう種類の~」。疑問詞 what（どんな）はこのように、直後に名詞を伴って用いられることがあります。

12 [正解] ④ it's ③ that

○ <u>It's</u> important <u>that</u> you keep on learning.

□ **接続詞⑫**　It is ... that ~（~ということは…だ）の語順です。it は形式主語。真主語は that 節です。「keep on +動詞の -ing 形」で「…し続ける」という意味になります。

13 [正解] ② tried ③ to

○ Ushio <u>tried</u> hard <u>to</u> persuade his boss.

□ **不定詞と動名詞の違い⑰**　try to do は「…しようと努める」。なお、この表現では（説得に）成功したかどうかまでは分かりません。「try +動詞の -ing 形」（試しに…してみる）との違いもおさらいしておきましょう。

14 [正解] ① only ② that

○ You were the <u>only</u> person <u>that</u> visited us.

□ **関係代名詞㉓**　**特定度が高い** the only（唯一の）などが先行詞に付く場合は、関係代名詞は **that** を用いるのが一般的。ここでの that は主格です。

15 [正解] ④ it ③ easy

○ <u>It</u> was <u>easy</u> for our team to reach the finals.

□ **主語になる it⑨**　**It is +形容詞+ for 人+ to do**（…することは［人］にとって［形容詞］だ）の語順になるよう並べます。なお、our team（私たちのチーム）は to reach the finals（決勝戦に進出する）の意味上の主語です。

お疲れさま。ひと息入れましょう。

ドリル3&4 記録表

・ドリル3とドリル4で間違った問題を振り返り、下の表の空欄に✔を転記しましょう。
・✔を入れた問題の合計数を縦列で足し算し、「集計」欄に書き入れましょう。今回、どんな文法を何回間違ったかが分かります。
・間違った問題は、「総合解説」(p.145) も参考にして復習しておきましょう。

集計	/ 0	/ 1	/ 3	/ 1	/ 1	/ 1	/ 3	/ 1	/ 3	/ 0	/ 3	/ 1	/ 1	/ 1	/ 0	/ 2	/ 0	/ 0	/ 2	/ 1	/ 2	/ 2
文法	①名詞の「数」	②名詞に付くパーツ	③動詞	④紛らわしい文のカタチ	⑤未来または意志	⑥形容詞	⑦副詞	⑧代名詞	⑨主語になる it	⑩疑問詞	⑪助動詞	⑫接続詞	⑬前置詞のキホン	⑭命令・提案・感嘆	⑮不定詞	⑯動名詞	⑰不定詞と動名詞の違い	⑱受け身	⑲mustとhave to	⑳比較級・比較表現	㉑最上級	㉒現在完了形	㉓関係代名詞

> まごころ Evine 流!
> 今日のひとこと

「達成感」を積み重ねて
これからも学び続けましょう。

　やる気の維持は、英語学習に欠かせない要素の1つです。しかし、日本語で快適に生活できる環境にあって、英語を学び続けるのはなかなか困難。そんな中、興味関心を維持する特効薬、「達成感」に注目しましょう!

　達成感にもいろいろありますが、特にテキストを1冊終えた「やったぜ」感は最高です。でも、それなりに時間がかかりますし、途中で挫折するリスクも。そこでオススメなのが、「類題演習」です。これは、テキストで覚えた法則を生かし、問題集などでたくさんの実践問題に当たること。記憶を繰り返し再生するので、知識の定着につながりやすいのです。しかも、「今日はここまでやったぜ」という小さな達成感を積み重ねることができるため、ストレスなく学習が続きますよ。

ドリル 5

目標タイム ⏱ 1分

語順に注意し、□に入る語句の番号を記入しましょう。

1 この照明は使いやすそう。しかも、おしゃれに見えます。
This lamp looks useful. ▓ □ ▓, □.
[①looks ②it ③too ④stylish]

2 わが社の製品のいくつかをオンラインで販売する予定です。
We are going to ▓ □ ▓ □ products online.
[①some ②sell ③our ④of]

3 朝食にゆで卵をいかがですか。
Would you ▓ □ ▓ □ for breakfast?
[①a ②boiled ③like ④egg]

4 これが私のメールアドレス。あなたのを教えてくれますか。
Here is my e-mail address. Can ▓ □ ▓ □?
[①yours ②me ③tell ④you]

5 僕のコーヒーにどれくらい砂糖を入れたの？
□ ▓ □ ▓ you put in my coffee?
[①much ②did ③how ④sugar]

Stage **3**

次のページへ Go!

さくっと 答え合わせ

1 [正解] ① looks ③ too

○ This lamp looks useful. It <u>looks</u> stylish, <u>too</u>.

☐ **副詞⑦** 　副詞 **too**（〜もまた）は肯定文中で、修飾する語の直後や文末などで用います。なお、否定文中では too の代わりに either（〜もまた…でない）を用いるので注意。

2 [正解] ① some ③ our

○ We are going to sell <u>some</u> of <u>our</u> products online.

☐ **代名詞⑧** 　**some of 〜** は「〜のうちのいくつか・何人か」を表し、of の後には**特定の範囲**を表す名詞が続きます。ここでは our products（わが社の製品）という範囲から「いくつか」という意味です。

3 [正解] ① a ④ egg

○ Would you like <u>a</u> boiled <u>egg</u> for breakfast?

☐ **名詞に付くパーツ②** 　**不特定**の boiled egg（ゆで卵）について要・不要を尋ねています。よって、**不定冠詞 a** が付きます。

4 [正解] ③ tell ① yours

○ Here is my e-mail address. Can you <u>tell</u> me <u>yours</u>?

☐ **代名詞⑧** 　your e-mail address（あなたのメールアドレス）を1語で言い換えた yours（あなたのもの）は名詞同様に扱い、他動詞 tell（〜を教える）の目的語の1つになっています。

5 [正解] ③ how ④ sugar

○ <u>How</u> much <u>sugar</u> did you put in my coffee?

☐ **疑問詞⑩** 　**how much ＋不可算名詞**（どれくらいの量の［不可算名詞］）で量を尋ねた疑問文。この後には一般動詞を含む疑問文（Did you ...?）と同様の語順が続きます。

次のページへ Go!

ドリル 5 目標タイム ⏱1分

引き続き、正しい語順で英文を完成させましょう。

6 もしよろしければ、あなたとご一緒したいのですが。
I'd like to go with you, ☐ ☐ ☐ ☐.
[①you ②mind ③don't ④if]

7 私たちには食べる物が何もありませんでした。
We didn't ☐ ☐ ☐ ☐.
[①eat ②to ③have ④anything]

8 「スペースマウンテン」って、なんてわくわくする乗り物だろう！
☐ ☐ ☐ ☐ *Space Mountain* is!
[①a ②ride ③what ④thrilling]

9 あの木はあなたのおじいさんが植えたの？
☐ ☐ ☐ ☐ by your grandfather?
[①was ②planted ③tree ④that]

10 他の誰もが夢中になっているあの俳優だけど、私は特に好きじゃありません。
I don't particularly ☐ ☐ ☐ ☐ everybody else is going mad about.
[①who ②actor ③that ④like]

次のページへ Go!

さくっと答え合わせ

6 [正解] ④ if ③ don't

○ I'd like to go with you, <u>if</u> you <u>don't</u> mind.

☐ **接続詞⑫**　**条件・仮定**の節を導く **if**（もし…なら）。なお、if 節の中では未来のことでも現在時制で表します。

7 [正解] ④ anything ① eat

○ We didn't have <u>anything</u> to <u>eat</u>.

☐ **不定詞⑮**　**形容詞的用法**の不定詞で anything（何も）を修飾しています。something（何か）が否定文中で anything に変わり、eat（〜を食べる）の意味上の目的語になったものです。

8 [正解] ① a ② ride

○ What <u>a</u> thrilling <u>ride</u> *Space Mountain* is!

☐ **命令・提案・感嘆⑭**　驚きを表す**感嘆文**の **What a ＋形容詞＋名詞＋主語＋動詞！**の語順に並べましょう。ride は「遊園地の乗り物」。

9 [正解] ① was ③ tree

○ <u>Was</u> that <u>tree</u> planted by your grandfather?

☐ **受け身⑱**　過去形の受け身 **was ＋過去分詞**（…された）の疑問文になるよう単語を配置しましょう。なお、前置詞 by（〜によって）で「動作主」を表します。

10 [正解] ③ that ① who

○ I don't particularly like <u>that</u> actor <u>who</u> everybody else is going mad about.

☐ **関係代名詞㉓**　everybody else is going mad about 〜（他の誰もが夢中になっている〜）の目的語 that actor（あの俳優）を先行詞として、**目的格**の関係代名詞 **who** で受けています。この who は省略可です。

次のページへ Go!

ドリル5 目標タイム ①1分

英語は語順が命です！　正確に並べていきましょう。

11 カーテンの後ろに隠れている女の子はジムの娘です。
The ▢ ▢ ▢ ▢ curtain is Jim's daughter.
[①behind　②girl　③hiding　④the]

12 私は明日の朝、携帯電話の店に行きます。
▢ ▢ ▢ ▢ cellphone store tomorrow morning.
[①a　②to　③going　④I'm]

13 これらの案内書のどれでも、ハイカーには役立ちますよ。
▢ ▢ ▢ ▢ can be useful for a hiker.
[①of　②any　③ guidebooks　④these]

14 その少年はコンテストで勝つため懸命に練習しました。
The boy ▢ ▢ ▢ ▢ the contest.
[①practiced　②win　③hard　④to]

15 食べる量を減らして、もっとたくさん運動しなさい。
Eat ▢ ▢ ▢ ▢.
[①and　②more　③exercise　④less]

Stage 3

次のページへ Go!

さくっと 答え合わせ

11 [正解] ③ hiding ④ the

○ The girl <u>hiding</u> behind <u>the</u> curtain is Jim's daughter.

☐ **名詞に付くパーツ②**　hiding behind the curtain（カーテンの後ろに隠れている）が直前の the girl（その女の子）を後ろから修飾（**後置修飾**）し、説明を加えています。

12 [正解] ③ going ① a

○ I'm <u>going</u> to <u>a</u> cellphone store tomorrow morning.

☐ **動詞③**　**be動詞＋動詞の -ing 形**で**近い未来**の個人的な予定を表しています。ちなみに、どこの店か特定していないので不定冠詞 a が用いられています。

13 [正解] ② any ④ these

○ <u>Any</u> of <u>these</u> guidebooks can be useful for a hiker.

☐ **代名詞⑧**　any of ～ は「～の中でどれでも」という意味。of の直後には**特定の範囲**を表す名詞が来ます。ここでは these guidebooks（これらの案内書）という範囲から「どれでも」という意味です。

14 [正解] ③ hard ② win

○ The boy practiced <u>hard</u> to <u>win</u> the contest.

☐ **不定詞⑮**　**副詞的用法**の不定詞 to win the contest（コンテストに勝つため）がポイント。懸命な練習の**目的**を表しています。

15 [正解] ④ less ③ exercise

○ Eat <u>less</u> and <u>exercise</u> more.

☐ **比較級・比較表現⑳**　副詞 **less**（より少なく）は **little**（程度・量などを少なく）の**比較級**。**more**（より多く）の反意語として押さえておきましょう。

ドリル5はおしまいです！　しばし休憩。

ドリル6

目標タイム ⏱ 1分

この本最後のドリルです。語句を正しく並べましょう。

1 忘れずに私を起こしてね。
　　□□□□ me up.
[①forget　②wake　③don't　④to]

2 今日は出勤する必要がありません。
I □□□□ to work today.
[①go　②don't　③to　④have]

3 僕はハンバーガー2個とバナナパイ1個を食べました。
I ate □□□□ banana pie.
[①a　②two　③and　④hamburgers]

4 私はこれまで彼女に2回会ったことがあります。
□□□□ before.
[①met　②twice　③I've　④her]

5 その博物館への行き方を私に教えてくれませんか。
□□□□ how to get to the museum?
[①you　②me　③tell　④can]

Stage 3

次のページへ Go!

137

さくっと 答え合わせ

1 [正解] ① forget ② wake

○ Don't <u>forget</u> to <u>wake</u> me up.

☐ **不定詞と動名詞の違い** ⑰　不定詞を伴う **forget to wake me up**（**私を起こし忘れる**）を否定の命令文に組み込みます。動名詞を用いた forget waking me up（私を起こしたのを忘れる）との違いにも注意。

2 [正解] ④ have ① go

○ I don't <u>have</u> to <u>go</u> to work today.

☐ **mustとhave to** ⑲　「…する必要はない」と**不必要**を表すには **don't have to do** が定番。ちなみに、mustn't（= must not）になると「…してはいけない」という「禁止」の表現になります。

3 [正解] ④ hamburgers ① a

○ I ate two <u>hamburgers</u> and <u>a</u> banana pie.

☐ **名詞の「数」** ①　複数形 hamburgers と単数形 banana pie の数に着目すれば、容易に語順が分かるはず。「a +可算名詞の単数形」です。

4 [正解] ① met ② twice

○ I've <u>met</u> her <u>twice</u> before.

☐ **現在完了形** ㉒　現在完了形の**経験用法**です。**経験回数**を表す twice（2回）の位置を定めて語順を導き出しましょう。

5 [正解] ④ can ③ tell

○ <u>Can</u> you <u>tell</u> me how to get to the museum?

☐ **助動詞** ⑪　**依頼**の表現 **Can you ...?**（…してくれませんか）になるよう語句を並べましょう。なお、「tell +目的語1（人）+目的語2（物）」（［人］に［物］を教える）にも着目。目的語1が me（私）、目的語2が how to get to the museum（その博物館への行き方）です。

次のページへ Go!

ドリル6 目標タイム ⏱1分

あっ、次の5問はちょっと難しいかも……。

6 今夜のその夕食会のためにはジャケットが1着必要です。
I need ▢ ▢ ▢ dinner party tonight.
[①jacket ②a ③the ④for]

7 このカクテルは強すぎて飲めません。
This cocktail is ▢ ▢ ▢ ▢.
[①to ②drink ③strong ④too]

8 ゲイリーはもうすぐ50歳であるにもかかわらず、老眼鏡がいりません。
Gary doesn't need reading glasses ▢ ▢ ▢ ▢ 50.
[①even ②almost ③though ④he's]

9 私は近い将来に海外で暮らしたいと思っています。
I want to ▢ ▢ ▢ ▢ near future.
[①live ②the ③overseas ④in]

10 彼の誕生日のために何を買ってあげればいいんだろう。
I don't know ▢ ▢ ▢ ▢ him for his birthday.
[①get ②what ③should ④I]

次のページへ Go!

さくっと答え合わせ

6 [正解] ① jacket ③ the

○ I need a <u>jacket</u> for <u>the</u> dinner party tonight.

□ **名詞に付くパーツ** ②　特定しない1着のjacketを表すには**不定冠詞 a** を、「例の〜、あの〜」と相手と情報共有している dinner party には**定冠詞 the** を付けます。

7 [正解] ④ too ① to

○ This cocktail is <u>too</u> strong <u>to</u> drink.

□ **不定詞** ⑮　**too 形容詞 + to do**（あまりに［形容詞］で…できない）の定型表現になるよう、too と to の位置に注意して語句を並べましょう。

8 [正解] ③ though ② almost

○ Gary doesn't need reading glasses even <u>though</u> he's <u>almost</u> 50.

□ **接続詞** ⑫　意外な情報を付け加える接続詞 **though**（…だけれども）に「強調」の働きを持つ even が付いています。

9 [正解] ③ overseas ② the

○ I want to live <u>overseas</u> in <u>the</u> near future.

□ **副詞** ⑦　**場所**を表す副詞 **overseas**（海外で）に前置詞は不要。live <u>in</u> overseas（×）としないよう注意しましょう。

10 [正解] ② what ③ should

○ I don't know <u>what</u> I <u>should</u> get him for his birthday.

□ **疑問詞** ⑩　**間接疑問文**の語順です。what I should 以下が他動詞 know（〜が分かる）の目的語になっています。what の後は平叙文と同様の語順。what should I get（×）にしないよう気を付けましょう。

次のページへ Go!

ドリル6　目標タイム ⏱1分

ついにこの本最後の5問です！　完走しましょう。

11 この問題について多くの情報が発表されました。
　A ☐ ☐ been published on this issue.
　[①has　②information　③lot　④of]

12 中サイズのピザってどれくらいの大きさですか。
　☐ ☐ medium pizza?
　[①is　②how　③large　④a]

13 オーブンで焼いた野菜は最高ですよ。
　☐ ☐ oven are fantastic.
　[①grilled　②the　③in　④vegetables]

14 私はあなたに雨が降り始める前に戻ってほしいんです。
　I ☐ ☐ back before it starts raining.
　[①to　②get　③you　④want]

15 私はまだスカイダイビングを経験したことがありません。
　☐ ☐ yet.
　[①experienced　②I　③skydiving　④haven't]

Stage 3

次のページへ Go!

さくっと答え合わせ

11 [正解] ③ lot ② information

○ A <u>lot</u> of <u>information</u> has been published on this issue.

☐ **名詞の「数」**⑩　information は「情報、知識、ニュース」などを集合的に表す**単数扱い**の**不可算名詞**です。

12 [正解] ② how ① is

○ <u>How</u> large <u>is</u> a medium pizza?

☐ **疑問詞**⑩　疑問詞 how（どれくらい）＋形容詞で形容詞の**程度**を尋ねます。ここでは「どれくらい大きいのか」を尋ねています。

13 [正解] ① grilled ② the

○ Vegetables <u>grilled</u> in <u>the</u> oven are fantastic.

☐ **名詞に付くパーツ**②　grilled in the oven（オーブンで焼かれた）が vegetables を後ろから修飾しています。このように過去分詞を含む複数の語が名詞を修飾する場合は、**後置修飾**のカタチをとります。前置修飾の grilled vegetables（焼かれた野菜）との語順の違いに要注意。

14 [正解] ④ want ① to

○ I <u>want</u> you <u>to</u> get back before it starts raining.

☐ **不定詞**⑮　**want ＋人＋ to do** で「［人］に…してほしい」と**要望**を表します。want と不定詞の間に、不定詞の意味上の主語 you を挟みましょう。なお、ここでの不定詞は to get back 以下 raining までです。

15 [正解] ④ haven't ③ skydiving

○ I <u>haven't</u> experienced <u>skydiving</u> yet.

☐ **現在完了形**㉒　**経験用法**の現在完了形が、否定文になって**未経験**を表しています。

お疲れさま。よく頑張りましたね！

ドリル5&6 記録表

・ドリル5とドリル6で間違った問題を振り返り、下の表の空欄に✔を転記しましょう。
・✔を入れた問題の合計数を縦列で足し算し、「集計」欄に書き入れましょう。今回、どんな文法を何回間違ったかが分かります。
・間違った問題は、「総合解説」(p.145) も参考にして復習しておきましょう。

集計	文法
/2	① 名詞の「数」
/4	② 名詞に付くパーツ
/1	③ 動詞
/0	④ 紛らわしい文のカタチ
/0	⑤ 未来または意志
/0	⑥ 形容詞
/2	⑦ 副詞
/3	⑧ 代名詞
/0	⑨ 主語になる it
/3	⑩ 疑問詞
/1	⑪ 助動詞
/2	⑫ 接続詞
/0	⑬ 前置詞のキホン
/1	⑭ 命令・提案・感嘆
/4	⑮ 不定詞
/0	⑯ 動名詞
/1	⑰ 不定詞と動名詞の違い
/1	⑱ 受け身
/1	⑲ must と have to
/1	⑳ 比較級・比較表現
/0	㉑ 最上級
/2	㉒ 現在完了形
/1	㉓ 関係代名詞

成績表

- これまでの「記録表」を振り返り、下の表に文法項目ごとの集計結果を転記しましょう。
- 転記した数字を縦列で足し算し、「集計」欄に合計数を書き入れましょう。この本を通して、どんな文法を何回間違ったかが分かります。
- 間違いの多い文法は、右のページから始まる「総合解説」を参考に、復習しましょう。

																								Stage 1
																								1 & 2 (p.27)
																								3 & 4 (p.41)
																								5 & 6 (p.55)
																								Stage 2
																								1 & 2 (p.71)
																								3 & 4 (p.85)
																								5 & 6 (p.99)
																								Stage 3
																								1 & 2 (p.115)
																								3 & 4 (p.129)
																								5 & 6 (p.143)
/9	/12	/14	/13	/4	/8	/8	/23	/6	/25	/11	/24	/6	/6	/16	/4	/16	/6	/7	/16	/10	/17	/9		**集計**
①名詞の「数」	②名詞に付くパーツ	③動詞	④紛らわしい文のカタチ	⑤未来または意志	⑥形容詞	⑦副詞	⑧代名詞	⑨主語になるit	⑩疑問詞	⑪助動詞	⑫接続詞	⑬前置詞のキホン	⑭命令・提案・感嘆	⑮不定詞	⑯動名詞	⑰不定詞と動名詞の違い	⑱受け身	⑲mustとhave to	⑳比較級・比較表現	㉑最上級	㉒現在完了形	㉓関係代名詞		**文法**

スキッとおまとめ
総合解説

間違ってしまった文法はそのままにせず、
きちんと復習することが大切です。
ここからのページで、あなたのニガテな文法を振り返り、
正しい知識をすっきり整理して覚えましょう。

「さくっと答え合わせ」や「記録表」で表示されている「**動詞③**」などの丸数字を参照しましょう。この数字は、次のページから始まる解説中、どの文法項目に属するかを表します。

例えば、「**動詞③**」と示された問題を間違った場合、左上に大きく③と示されたページ（p.148）を見ましょう。その問題の正解のカギとなる文法について解説されています。

この本で取り上げている文法は、どれも基本的なもの。そして、「使える英語」を身に付けるためには必須の知識でもあります。マイペースで構いませんので、じっくり読んでおさらいしましょう。

名詞の「数」

数えられる名詞

1つ、2つと区別できる、つまり数えられる名詞（**可算名詞**）は**単数形**と**複数形**を区別するのが英語のルール。ショートケーキに1粒乗ったイチゴは単数形で a strawberry（1つのイチゴ）、果物屋で買うパック入りのイチゴは複数形で a pack of strawberries（1パックのイチゴ）のように使い分けます。なお、可算名詞には単数と複数の形が同じ（**単複同形**）ものもあるので注意してください。fish（魚）、deer（シカ）、sheep（ヒツジ）、means（手段）、species（種［しゅ］）などがその例です。

数えられない名詞

数えられない名詞（**不可算名詞**）は複数形にできません。不可算名詞の代表的な3タイプは以下のとおりです。

1. 境界がなく、区別できない**液体や気体**：water（水）、soup（スープ）、oil（油）、air（空気）など
2. 人によりとらえ方の異なる**抽象概念**：love（愛）、nature（自然）、peace（平和）、truth（事実、真実）など
3. いくつか・何人かの**集合体**：furniture（家具類）、luggage または baggage（手荷物類）、money（お金）、poetry（詩歌）、jewelry（宝石類）、music（音楽）、audience（聴衆）など

名詞に付くパーツ ②

冠詞が名詞に付く――不定冠詞と定冠詞

可算名詞の単数形で、相手にとって**初めて聞く情報**や**特定できないもの**であれば、**不定冠詞** a または an(ある1つの)が付きます。可算名詞の複数形や不可算名詞の場合、特定できないなら冠詞なし(無冠詞)が基本です。相手と**共有している情報**や**特定できるもの**は**定冠詞** the(その)が付きます。

分詞が名詞に付く――前置修飾と後置修飾

動詞の -ing 形や -ed 形を分詞と呼び、-ing 形を**現在分詞**、-ed 形を**過去分詞**と区別します。これらは形容詞と同様に、名詞の前に置いてその名詞を修飾できます(**前置修飾**)。
名詞と分詞の間には「主語と述語」の関係があります。「[名詞]が…する、…している」の関係なら現在分詞、「[名詞]が…された」(受け身)や「[名詞]が…し終えた」(完了)なら過去分詞を用います。なお、前置修飾できるのは分詞が1語の場合です。分詞が他の語句を伴いフレーズになると、名詞を後ろから修飾するパターン(**後置修飾**)に変わります。例えば a barking dog(ほえる1匹のイヌ)は前置修飾、a dog barking in the yard(庭でほえる1匹のイヌ)は後置修飾の関係です。

節が名詞に付く――後置修飾

節は「主語+述語」を含む2つ以上の語のまとまりのこと。節は名詞を**後置修飾**できます。例えば、the dog I saw in the park(私が公園で見たそのイヌ)のように、ひとまとまりの節(ここでは I saw in the park)が名詞に情報を加えます。

3 動詞

be 動詞

be 動詞は、「**主語＋ be 動詞**」で主語の**様子・状況**や**存在**を表します。be 動詞のカタチは、主語の人称や単数・複数、時制（現在形や過去形など）で変化します。**疑問文**は「**be 動詞＋主語 ...?**」の語順。**否定文**は「**主語＋ be 動詞＋ not ...**」で表します。

一般動詞

一般動詞は、work（働く）、buy（買う）など**日常習慣**や**具体的な動作**の他、like（好む）、want（欲する）など主語の**気持ち**を表します。主語が **3 人称単数**（he/she/it など）の現在時制なら、一般動詞の**語尾に -(e)s を付けます**。

一般動詞を含む**疑問文**は「**Do/Does/Did ＋主語＋動詞の原形 ...?**」、**否定文**は「**主語＋ don't/doesn't/didn't ＋動詞の原形 ...**」です。主語が 3 人称単数で現在時制なら does か doesn't、いずれの人称でも過去時制なら did か didn't を用います。

一般動詞の過去形

一般動詞の過去形は語尾に -ed を付けて表します。ただし**不規則変化動詞**と呼ばれる一般動詞では、take →過去形 took、bring →過去形 brought、become →過去形 became のように、変化のカタチが不規則です。cost →過去形 cost、cut →過去形 cut、hit →過去形 hit のように原形と過去形のカタチが同じものもあります。これらの活用はまとめて覚えてしまいましょう。

動詞 3

進行形

「**be 動詞＋動詞の -ing 形**」（…している）を**進行形**と呼び、主語の**一時的な動作状態**などを表します。現在進行中の動作状態は、現在形の be 動詞 am/is/are を用いて表します（**現在進行形**）。過去の動作状態の場合は、be 動詞を過去形 was/were にします（**過去進行形**）。また、I'm going to Kyoto tomorrow.（明日、京都に行きます）のように、現在進行形を用いて**確実性の高い身近な予定**を表すこともできます。疑問文や否定文の語順は、be 動詞の場合と同様です。

4 紛らわしい文のカタチ

キホンは「自動詞」と「他動詞＋目的語」
動詞は大きく**自動詞**と**他動詞**に分かれます。自動詞はそれ単体で存在する動詞。他動詞は直後に目的語をとる動詞です。

目的語 2 つで紛らわしい！
他動詞の中には目的語を 2 つとるものがあります。「**他動詞＋目的語 1（人）＋目的語 2（物）**」は「**他動詞＋目的語 2（物）＋ to 目的語 1（人）**」や「**他動詞＋目的語 2（物）＋ for 目的語 1（人）**」に言い換えることができます。
1. 「他動詞＋目的語 2 ＋ to 目的語 1」でよく使われる動詞
　　give、show、tell、teach など
2. 「他動詞＋目的語 2 ＋ for 目的語 1」でよく使われる動詞
　　make、buy、get、cook など

補語が絡んで紛らわしい！
補語とは、主語や目的語が「どういうものか」や「どういう状態か」を説明する働きを持つ語のことで、形容詞や名詞が当てはまります。他動詞には、「**他動詞＋目的語＋補語**」のカタチでよく使われるものがあります。代表例は「**make ＋目的語＋形容詞**」（[目的語]を…の状態にする）と「**call/name ＋目的語＋名詞**」（[目的語]を～と呼ぶ/名付ける）です。
いずれも、「目的語＝補語」の関係が成り立つ点に注意しましょう。

紛らわしい文のカタチ 4

形容詞が続いて紛らわしい！

be動詞だけでなく一般動詞の中にも、**動詞（自動詞）＋形容詞**のように直後に形容詞を伴って用いられるものがあります。例は次のとおりです。

1. 「…に見える、…な味がする、…のように聞こえる、…のように感じられる」：look、taste、sound、feel など
2. 「…になる」：get、become、turn など
3. 「…のままである」：keep、remain、stay など

There is/are 構文

There ＋ be 動詞＋名詞は「[名詞]がいる・ある」という意味で、不定冠詞 a/an や some（いくらかの、いくつかの）などが付く**不特定の名詞の存在**を示します。名詞が複数であれば be 動詞には are か were を用います。また、否定文では be 動詞の直後に not を付けます。

付加疑問文

付加疑問文は、基本になる文（主節）に「**動詞（be 動詞/助動詞）＋主語（代名詞）?**」を付けて相手に**確認する**、または**同意を求める**表現です。主節の「節」とは、「主語＋述語」を含む語のまとまりのことです。

主節が肯定文なら、付加部分の動詞を**否定形**にします。主節が否定文なら、付加部分の動詞を**肯定形**にします。

5 未来または意志

be going to do

be going to do は「…する予定だ」という意味で、**既に決めている予定や計画**を表します。特に個人の身近な予定を述べる場合は、be going to do や現在進行形（p. 149 参照）を用いるのが一般的です。

will

will にはさまざまな意味がありますが、1つは「…するだろう」と自然ななりゆきに応じて**未来を推量する**働きです（**単純未来**）。
「単純未来」のほか、会話やその場の状況に応じて話し手が即座に（特に1人称Iを用いて）判断する**意志**（…しよう、…します）を表すこともあります。

「単純未来」の例
He will visit Chicago in June.
（彼は6月にシカゴを訪ねるでしょう）

「意志」の例
I'll call you later.
（後で電話するよ）

形容詞

形容詞の some と any

数量を表す形容詞 some(いくつかの、いくらかの)は主に**肯定文**で用いられ、可算名詞の複数形や不可算名詞を修飾します。**疑問文**や**否定文**では some の代わりに **any** を用いるのが原則です。否定文中の any は「〜が全くない」という意味になります。

なお、「いくつかの・いくらかの〜はいかがですか」と**相手に何かを勧める**場合は、**疑問文**でも some を用いるのが自然です。また、「どの〜でも」という意味なら、**肯定文**でも any を用います。

-thing 系は語順に注意

something/anything/nothing を修飾する形容詞は後ろに置かれます(**後置修飾**)。例えば、something new で「何か新しいもの」という意味になります。「形容詞＋名詞」という一般的な語順とは反対ですので注意してください。

動詞が形容詞に変身!

interest([人]に興味を持たせる)や excite([人]を興奮させる)など**心情や感情への働き掛け**を表す動詞は、分詞になると interesting(興味深い)や excited(興奮した)のように形容詞の働きを持ちます。現在分詞 -ing と過去分詞 -ed の使い分けに注意が必要です。

主語が**周囲に与える感情**を表すには現在分詞 -ing、主語自身の**様子や気持ち**を表す場合は過去分詞 -ed が用いられます。

7 副詞

副詞の働き

副詞は**場所、時、頻度、程度、様態（様子・状態）**などを表す言葉です。形容詞は名詞の修飾が専門ですが、副詞は**名詞以外のすべてを修飾**することができます。動詞や形容詞だけでなく、他の副詞を修飾することもあります。例えば get up very early（とても早く起きる）では、副詞 very がもう1つの副詞 early の「程度」を強調しています。

副詞の位置のキホン

副詞は種類によって、文中の位置がある程度決まっています。口語では自由な位置に入ることも多いのですが、以下をルールとして覚えておくと、作文の際などに役立ちます。
1.「場所」「様態」を表す副詞：文末
2.「頻度」を表す副詞：一般動詞の前、また be 動詞の後
3.「程度」を強調する副詞：強調したい単語（形容詞や副詞）の直前

副詞の扱い、ココに注意！

副詞に前置詞は不要です。特に、「時」や「場所」を表す副詞は名詞と勘違いしやすく、直前に前置詞を置きがちなので注意しましょう。また、this morning（今朝）のように2語以上のカタマリが副詞の働きをすることがあります。このとき、例えば「今朝、彼女に会いました」を表すのに、名詞 morning につられてうっかり I met her on this morning.（×）とする誤用をよく見ます。これも、前置詞 on は不要です。

代名詞 ⑧

人称代名詞

代名詞は**名詞の繰り返しを避ける**ために用いる言葉で、特に「話し手自身」(1人称)、「聞き手」(2人称)、それ以外の「第3者」(3人称)に区別したものを**人称代名詞**と呼びます。それぞれの人称に単数・複数があり、また文中での働きに合わせて**主格**(主語になる)、**目的格**(目的語になる)、**所有格**(所有者を表す)にカタチが変化します。また、「所有格の代名詞＋名詞」を1語の**所有代名詞**で受けて、mine(私のもの)、yours(あなたのもの)、ours(私たちのもの)のように表す場合もあります。

代名詞としての one

代名詞の **one** は、既に話に出ている、不特定の可算名詞(単数形)を受けて用いられます。形容詞を伴うときには、「a/an＋形容詞＋one」のように不定冠詞 a/an が付く点に注意しましょう。

another、others、the others の違い

another は不特定の「**別のもう1つ・もう1人**」を指します。一方、**others** は不特定の「**別のいくつか・何人か**」を表します。
例えば1缶30枚入りのクッキーのうち、10枚もらった。それがとてもおいしそうなので、残り20枚のうち「もう1枚」をおまけでもらおうとします。そんなとき、この「もう1枚」を another で表せるでしょう。そして、残り20枚のうち、1枚ではなくもう何枚かをもらうのなら、それらを指すのは others です。
the others の場合は指す範囲が異なるので注意しましょう。the others は「**残りすべて**」を表します。この例なら「残り20枚全部」

8 代名詞

を指すわけです。
なお、**the other** は the others とは異なり、**2つ・2人（二者）のうちの「他方、もう一方」**という意味です。

some と any

some と any は肯定・否定・疑問のどの文で使うかにより、意味が異なりますので、気をつけましょう。

some は主に**肯定文**で用いられ、「いくつか、いくらか、何人か」と不特定の複数の物や人々を表します。ただし、「いくつかいかが？」と**何かを勧める場合**などは、**疑問文**でも使います。

any は「何かがあるかどうか」「誰かがいるかどうか」を尋ねる**疑問文**で用いられます。また、**否定文**の中で使うと「少しもない」という意味になります。さらには、**肯定文**で用いると、3つ・3人以上のうち「どれでも」を表します。例えば蔵書50冊から「どれでも」好きなのを持っていっていいよ、と言うときには any で表せます。

Some .... Others 〜. (…する人もいれば、〜する人もいる) という対比表現も頭に入れておきましょう。

主語になる it

時刻や天候などは it を主語に

代名詞 it には**時刻**、**天候・寒暖**、**距離**、**所要時間**などを表す**主語**としての働きがあります。この場合は it を「それ」といちいち訳して考える必要はありません。

不定詞の代わりに it を主語に

「**It is ＋形容詞＋ to do**」で「…することは［形容詞］だ」という意味です。本当の主語（**真主語**）は不定詞 to do（…すること）ですが、形式的に it を主語の位置に置きます（**形式主語**）。

また、不定詞の意味上の主語（do の主語）を表すため、不定詞の直前に「**for/of 人**」を置くこともあります。特に kind（親切な）や brave（勇敢な）など**人の性格**を表す形容詞が来たら、「of 人」が続くと覚えておきましょう。

例）It was very kind <u>of you</u> to send me the flowers.
（お花を送ってくれて、あなたはとても親切でした＝ご親切にお花を送ってくれてありがとうございました）

10 疑問詞

疑問詞の働き

疑問詞は具体的な情報を尋ねる言葉で、質問内容に合わせて次のように使い分けます。

「物事」…what(何)、「人」…who(誰)、「時」…when(いつ)
「場所」…where(どこ)、「理由」…why(なぜ)
「方法・程度」…how(どのように、どれくらい)
「選択」…which(どちら)

疑問詞を用いた疑問文は「**疑問詞＋通常の疑問文(be動詞/助動詞＋主語)...?**」の語順です。
例) <u>What</u> did you do today?(今日は何をしたんですか)

whatやwhoなどは主語の働きを兼ねる場合があります。その場合は「**疑問詞＋動詞...?**」の語順になります。
例) <u>What</u> happened to you?(何があったんですか)

「疑問詞＋不定詞」で名詞のカタマリに

「**疑問詞＋不定詞**」はひとかたまりの名詞(名詞句)の働きを持ち、主に目的語として他動詞の直後に置かれたり、補語となったりします。how to do(…する方法)、what to do(何を…すべきか)、where to do(どこに…すべきか)、when to do(いつ…すべきか)などがあります。

疑問詞 10

「疑問詞＋節」も名詞のカタマリに

「**疑問詞＋節**」も名詞のカタマリになります（節は「主語＋述語」を含む語のまとまり）。これが**間接疑問文**として他動詞の目的語になります。

例) I understood what he said.
(私は彼が何を言ったかを理解しました＝私は彼の言ったことを理解しました)

「Whose ＋名詞」で所有者を尋ねる

疑問詞の中でも what（何）、which（どちら）、who（誰）、whose（誰のもの）は**疑問代名詞**と呼ばれます。また、what（どんな）、which（どちらの）、whose（誰の）は**疑問形容詞**として名詞の前に置いて使うこともできます。例えば whose（誰の）は who の所有格（所有者を表す格）で、「誰のもの」という意味で whose 単独で用いることができる他、しばしば「**whose ＋名詞**」（誰の［名詞］）で用いられます。

例) Whose is this?（これは誰のものですか）
例) Whose book is this?（これは誰の本ですか）

助動詞

助動詞の働き

「**助動詞＋動詞の原形**」で、動詞にさまざまな意味を加えることができます。例えば、助動詞の 1 つ can には「**能力**」「**許可**」「**可能性**」を表す働きがあります。

助動詞の否定文は「主語＋助動詞＋ not ＋動詞の原形」。疑問文は「助動詞＋主語＋動詞の原形 ...?」の語順です。

「依頼」を表す can

Can you ...? で「…してくれませんか」と相手に**依頼する**表現になります。ここでの can は同じく助動詞の will に言い換えることができます。Can you ...? がその行為が可能かどうか尋ねているのに対し、Will you ...? では相手の意思・意志が問われます。また、Will you ...? に「…してください」という指示のニュアンスが含まれることもあります。

なお、can の代わりに could や would を用いるとより丁寧な依頼表現になります。

接続詞 ⑫

結び付ける働き

接続詞は「語」と「語」、「句」と「句」、「節」と「節」を結び付ける働きをします。代表的なものに「合体・連結」を表す and（A と B）、「選択」を表す or（A か B）、「逆接」を表す but（〜、しかし…）、「結果」を表す so（〜、だから…）があります。接続詞は**後に続く内容を予測する目印**になります。また、どんな内容を導くかによって、使い分ける必要があるので注意しましょう。

補足する働き

接続詞には主節の内容に補足説明を加える副詞節を導く働きもあります。「時」を表す when（…するとき）、「理由」を表す because（なぜなら…だから）、「条件・仮定」を表す if（もし…なら）、「譲歩」を表す although または though（…だけれども）がその例です。

名詞節を導く接続詞 that

接続詞 that に導かれる節は名詞のカタマリ（名詞節）として働き、主語や補語、他動詞の目的語になります。
また、「It is ... that 節」で「[that 節] ということは…だ」という意味になります。この it は形式主語で、that 節が真主語です（p. 157 参照）。

that 節を含む定番表現 2 種

例えば I'm <u>sorry</u> that ...（…ということを申し訳なく思います）や、I'm <u>afraid</u> that ...（…ということが残念です）のように、**感情を表す形容詞**にしばしば that 節を続けて、その感情の**原因・理由**を表す

12 接続詞

ことができます。

また、「**so ＋形容詞 / 副詞＋ that** ...」のように副詞 so と that 節がペアで用いられると、「とても［形容詞 / 副詞］なので…」という意味になります。

なお、前記のいずれの表現でも that は省略可能です。

名詞節を導く if/whether

名詞扱いできるのは that 節に限りません。**if** または **whether**（…かどうか）が導く節も名詞のカタマリ（名詞節）となり、主に他動詞の目的語になります。この if は「もし…なら」（副詞節）の if と意味も働きも異なりますので注意しましょう。

前置詞のキホン ⑬

「場所」を表す前置詞のキホン

場所を表す前置詞 **at**、**in**、**on**、**by** を整理しておきましょう。日本語訳だけに頼らず、それが表す状況・位置関係を押さえることが大切です。

at［地点］：I stayed at that hotel.
　　　　　（私はそのホテルに宿泊しました）
in［内部］：I lived in Japan for a year.
　　　　　（私は1年間、日本に住みました）
on［接触］：I put the book on his desk.
　　　　　（私はその本を彼の机の上に置きました）
by［近接］：I stayed at the hotel by the river.
　　　　　（私はその川のそばのホテルに宿泊しました）

「時」を表す前置詞のキホン

上述の前置詞は「場所」だけでなく、**時**を表す際にも使えます。

at［時刻］：I usually get up at 6 o'clock.
　　　　　（私は普段6時に起きます）
in［月・年・季節］：He was born in July.
　　　　　　　　　（彼は7月に生まれました）
on［曜日・特定日］：I was born on June 28.
　　　　　　　　　（私は6月28日に生まれました）
by［期限］：Please submit the report by tomorrow.
　　　　　（明日までにその報告書を提出してください）

14 命令・提案・感嘆

命令・提案

動詞の原形で文を始めると、「…しなさい」という「命令」や「指示」の表現になります。「…しないで」という否定の命令文は「**Don't ＋動詞の原形**」のカタチ。be 動詞が含まれる場合、文頭は Don't be ... となります。文頭または文末に please を付けると、より丁寧な印象になります。否定の命令文なら「Please don't ＋動詞の原形」または「Don't ＋動詞の原形 ..., please.」です。

また、「**Let's ＋動詞の原形**」のカタチなら、「…しましょう」というストレートな「提案」の表現になります。

感嘆

「**How ＋形容詞 / 副詞＋主語＋動詞 !**」(なんて…なんだろう！) のカタチで相手に「驚き」や「感動」を伝える感嘆文になります。

名詞を用いた感嘆文、「**What ＋（不定冠詞 a/an）＋形容詞＋名詞＋主語＋動詞 !**」(なんて…な [名詞] だろう！) も押さえておきましょう。名詞が複数形であれば a/an は不要です。

口語では後ろの「主語＋動詞」はしばしば省略されます。

不定詞

必ず押さえたい、不定詞の3つの用法

「**to＋動詞の原形**」を不定詞（to 不定詞）と呼び、文中で「名詞」「形容詞」「副詞」のいずれかの働きをします。

1. **名詞的用法**：動詞を**名詞化**（…すること）し、主語や補語、目的語の働きをします。

2. **形容詞的用法**：名詞を後ろから修飾し（**後置修飾**）、「義務」（…すべき）や「目的」（…するための、…用の）を表します。

3. **副詞的用法**：主に文末（または動詞の後ろ）に置いて、**動作・行動の目的**（…するために）を表します。また、I was sad to hear the news.（その知らせを聞いて悲しかったです）のように「感情を表す形容詞」の後ろに置いて、**感情の原因・理由**（…したために）を表します。

不定詞を使った重要表現

不定詞が用いられる定番の表現を覚えておきましょう。

1. **too 形容詞 / 副詞＋ to do**（あまりに［形容詞 / 副詞］で…できない）

例）I was too tired to cook dinner.

（私はとても疲れていて夕食を作ることができませんでした）

2. **形容詞 / 副詞＋ enough ＋ to do**（…するのに十分なほど［形容詞 / 副詞］である）

例）He is old enough to understand the meaning of life.

（彼はもう人生の意味を理解できる年齢です）

15 不定詞

動詞と不定詞の組み合わせ

ask、tell、want はしばしば「人」や不定詞と組み合わせて使われる代表的な他動詞です。ask ＋人＋ to do（…するよう［人］に頼む）、tell ＋人＋ to do（…するよう［人］に言う）、want ＋人＋ to do（［人］に…してほしい）のように不定詞の直前に「人」を置いて、不定詞の意味上の主語（do の主語）を表します。want を用いた 2 通りの例文を比べてみましょう。

1. Do you want to talk to Allie?
   （アリーと話がしたいですか）
2. Do you want me to talk to Allie?
   （私にアリーと話をしてほしいのですか）

talk の主語は 1. は you、2. は me です。

動名詞

動名詞の働き

動名詞は動詞が -ing 形になって**名詞化**（…すること）したもので、通常の名詞と同様、主語・目的語・補語として用います。それぞれ例を挙げます。

1. **主語**：Reading is fun.（読書は楽しいです）
2. **他動詞の目的語**：I like reading.（私は読書が好きです）
3. **前置詞の目的語**：I'm interested in reading.
   　　　　　　　　　（私は読書に興味があります）
4. **補語**：My hobby is reading.（私の趣味は読書です）

17 不定詞と動名詞の違い

「動名詞のみ」を目的語にとる動詞

like、love、start、begin などの目的語には、動名詞と不定詞のいずれを用いることもできますが、動詞によっては**動名詞のみを目的語にとる**ものがあります。代表的なものを挙げますので覚えておきましょう。

●動名詞のみを目的語にとる動詞（または句動詞）の例
enjoy（〜を楽しむ）、**finish**（〜を終える）、**avoid**（〜を避ける）、**mind**（〜を嫌だと思う）、**admit**（〜を認める）、**give up**（〜を諦める）、**put off**（〜を延期する）
これらは不定詞を目的語にとることはできません。

「不定詞のみ」を目的語にとる動詞

一方、**不定詞のみを目的語にとる動詞**もあります。これも覚えておきましょう。

●不定詞のみを目的語にとる動詞の例
hope（〜を望む）、**decide**（〜を決める）、**expect**（〜を期待する）、**promise**（〜を約束する）、**pretend**（〜のふりをする）、**want**（〜したい）、**refuse**（〜を拒む）
これらは動名詞を目的語にとることはできません。

不定詞か動名詞かで意味が変わる動詞

目的語が不定詞か動名詞かで意味が異なる動詞もあります。代表的な3組を次のページに挙げますので、違いを意識して使い分けてください。なお、不定詞は「仮定」（これからの予定、まだ起こっていないこと）、動名詞は「現実」（過去の出来事、実際にしたこと）のニ

不定詞と動名詞の違い 17

ュアンスがあります。

1. remember to do（忘れず…する）
   remember doing（…したのを覚えている）

2. forget to do（…するのを忘れる、…し忘れる）
   forget doing（…したのを忘れる）

3. try to do（…しようと努力する）
   try doing（試しに…してみる）

stop to do と stop doing の違い

自動詞 stop（止まる）が目的（…するために）を表す副詞的用法の不定詞を伴うと、**stop to do** で「…するために（それまでやっていたことを）やめる、…するために立ち止まる、立ち止まって…する」という意味になります。

一方、他動詞 stop（〜をやめる）が動名詞を伴うと、**stop doing** で「…するのをやめる」という意味になります。

18 受け身

受け身の基本構文

「be 動詞＋過去分詞＋ by 〜」で「(〜に)…される」という**受け身**（受動態）の表現になります。前置詞 **by**（〜によって）が**動作主**を表します。もとの英文（能動態）が

The dog bit me.（その犬が私をかみました）

なら、受け身では目的語 me を主語に置き、

I was bit/bitten by the dog.（私はその犬にかまれました）

となります。

疑問文と否定文の語順は、be 動詞を含む英文と同じ要領です。つまり、**疑問文**は「be 動詞＋主語 …?」、**否定文**は「主語＋ be 動詞＋ not …」の語順です。

2 パターンできる受け身の表現

「他動詞＋目的語 1（人）＋目的語 2（物）」のように、もとの英文の目的語が 2 つある場合（p. 150 参照）、受け身の表現も 2 パターン作ることができます。例えば、

Peter sent me this letter.（ピーターは私にこの手紙を送りました）

の場合、次の 2 通りの表現が可能です。

1. **目的語 1（人）が主語**の受け身

I was sent this letter by Peter.（私はピーターにこの手紙を送られました）

2. **目的語 2（物）が主語**の受け身

This letter was sent to me by Peter.（この手紙はピーターによって私に送られました）

受け身 18

補語が絡むと要注意

「**他動詞＋目的語＋補語**」（p. 150 参照）を受け身に変換する場合も、語順に注意が必要です。

Mayu named the dog Peke.（マユはその犬をペケと名付けました）

なら、受け身では目的語 the dog を主語に、

The dog was named Peke by Mayu.（その犬はマユにペケと名付けられました）

の語順になります。補語 Peke は named の直後に置かれ、the dog = Peke の関係が成り立つことに気を付けてください。

19 must と have to

must

助動詞 must は must do のように動詞の原形を続けて「…しなければならない」という**義務**を表します。また、「ぜひ…しなさい」と相手に**強く勧める**表現でも用いることができます。must は**現在時制**のみに使用します。

have to

have to do のように動詞の原形を続け、must と同様「…しなければならない」という**義務**を表します（口語では have to の方が must より一般的です）。must と違い、**過去時制**や**未来時制**でも用いることができます。過去時制なら had to do（…しなければならなかった）、未来時制なら will have to do（…しなければならないだろう）です。

疑問文と否定文

have to は一般動詞の扱いになるので、疑問文は「**Do/Does/Did＋主語＋ have to …?**」（…する必要がありますか/ありましたか）、否定文は「**主語＋ don't/doesn't/didn't have to …**」のカタチです。一方、must は助動詞なので、疑問文では先頭に出て「**Must＋主語 …?**」（…しなければいけませんか）となり、否定文では「**主語＋ must not/mustn't …**」のカタチで使われます。

否定文ではそれぞれ意味が異なりますので注意してください。must not/mustn't do（…してはいけない）は**禁止**、don't have to do（…する必要はない）は**不必要**を表します。

比較級・比較表現 (20)

比較級のキホン

形容詞 / 副詞の「**原級＋ -er**」や「**more ＋形容詞 / 副詞の原級**」を**比較級**と呼びます。しばしば**比較対象**を表す前置詞 than（～より）と一緒に用いて「～より［形容詞 / 副詞］だ」と比較する表現になります。

不規則変化は、まるごと覚える

比較級には「原級＋ -er」や「more ＋形容詞 / 副詞の原級」といった規則変化とは別に、**不規則変化**があります。下に挙げるものをまるごと覚えておきましょう。

1. 形容詞 good、副詞 well →比較級 **better**
2. 形容詞 bad、副詞 badly →比較級 **worse**
3. 形容詞 many/much、副詞 much →比較級 **more**
4. 形容詞 little、副詞 little →比較級 **less**

2つの as で「形容詞 / 副詞」を挟むと

「**as ＋形容詞 / 副詞＋ as ～**」で「～と同じくらい［形容詞 / 副詞］だ」という意味になります。形容詞 / 副詞は原級を用います。

また、これに not が付いた「**not as ＋形容詞 / 副詞＋ as ～**」も押さえてください。こちらは「～ほど［形容詞 / 副詞］ではない」という意味です。

この他、「[ ] times as ＋形容詞 / 副詞＋ as ～」（～の [ ] 倍…だ）もよく使われます。[ ] には 3 以上の数字が入ります。「2 倍」の場合は twice as ＋形容詞 / 副詞＋ as ～ となる点に気を付けましょう。

20 比較級・比較表現

その他の定番表現

「more like A than B」(BというよりむしろA) や、「**比較級＋than＋any other 単数名詞**」(ほかのどの [名詞] よりも…だ) もぜひ覚えておきたい重要表現。
また、「差の大きさ」を強調する場合には「**much/far/a lot ＋比較級**」と表す点も要チェックです。

最上級 ㉑

最上級のキホン

「(the +) 形容詞 / 副詞の原級＋ -est」または「(the) most ＋形容詞 / 副詞の原級」を**最上級**と呼びます。しばしば「特定範囲」を表す前置詞 in や of（〜の中で）と一緒に用いて「〜の中で一番 [形容詞 / 副詞] だ」を表します。

前置詞 in/of は直後に続く内容で使い分けましょう。in は「in +場所」（例：in the world　世界中で）、「in +グループ」（例：in the class　クラスで）、of は「of +複数名詞」（例：of all the guests　ゲスト全員の中で）、「of + the +数字」（例：of the three　その3つ・3人の中で）のように使います。

不規則変化は覚えよう

「(the +) 形容詞 / 副詞の -est 形」や「(the) most ＋形容詞 / 副詞の原級」にならない、**不規則変化**をする最上級があります。下に挙げた4つを覚えておきましょう。

1. 形容詞 good、副詞 well →最上級（the）**best**
2. 形容詞 bad、副詞 badly →最上級（the）**worst**
3. 形容詞 many/much、副詞 much →最上級（the）**most**
4. 形容詞 little、副詞 little →最上級（the）**least**

22 現在完了形

継続用法

「have ＋過去分詞」の**現在完了形**にはさまざまな用法があります。「ずっと…している」と**継続**を表す**継続用法**は、しばしば**時の起点**を表す **since**（～以来）や**期間**を表す **for**（～の間）を伴って用いられます。継続期間の長さを尋ねる疑問文は How long ...?（どれくらいの間…ですか）が定番です。

経験用法

過去から現在までの**経験**を表すのが**経験用法**です。疑問文では ever（今までに）、否定文では never（決して…ない、一度も…ない）、肯定文では before（以前に）などの副詞をしばしば用います。また、経験回数は once（1回）、twice（2回）、そして3回以上は**数字＋ times**（～回）で表します。

「have been to ＋場所」（～へ行ったことがある）も押さえましょう。なお、「have gone to ＋場所」だと「～へ行ってしまった（結果、ここにいない）」という**結果用法**になるので注意しましょう（※ただし、米語では文脈から経験を表すと明らかな場合に、「have gone to ＋場所」が経験用法を兼ねることがあります）。

また、経験の頻度や回数を尋ねる疑問文は How often ...?（どれくらいの頻度で…したことがありますか）や How many times ...?（何回…したことがありますか）となります。

完了用法・結果用法

完了用法では直近の過去に**完了**した出来事を表します。また、**結果用法**では完了した行為の**結果**として、現在どんな状況にあるかを表

します。
完了用法・結果用法では、just（ちょうど）、already（既に）や、文末に置く yet（[否定文で] まだ、[疑問文で] もう）などの副詞をよく用います。

23 関係代名詞

主格

関係代名詞には、先行する名詞（**先行詞**）と、その名詞を説明する節を結ぶ働きがあります。

主格の関係代名詞は導く節の主語の役割があり、「先行詞（名詞）＋関係代名詞 who/which/that ＋動詞」のカタチで使われます。先行詞が「人」であればwho、「人以外」であればwhichになります。thatは先行詞の種類を問いません（※ただし現代の北米では、「人」が先行詞の主格は who、「人以外」が先行詞の主格は that が主流です）。

目的格

目的格の関係代名詞は、導く節の動詞や前置詞に対し目的語の働きを果たします。「先行詞＋関係代名詞 who(m)/which/that ＋主語＋動詞」のカタチで先行詞を説明します。先行詞が「人」であればwho(m)、「人以外」であればwhichです。thatは先行詞の種類を問いません（※ただし現代の北米では、「人」が先行詞の目的格は who、「人以外」が先行詞の目的格は that が主流です）。

なお、目的格の関係代名詞はしばしば省略されます。

that を好む先行詞

先行詞が **the only**（唯一の）、**the same**（同じ）や**最上級**などで修飾されて特定される場合、関係代名詞は that を用います。

なお、目的格の関係代名詞はしばしば省略されます。

【著者紹介】
Evine（エヴィン）
本名、恵比須大輔。神戸在住。オーストラリア、ニュージーランドでの2度のワーキングホリデーの経験と、何でも丹念に調べ上げる「根性の独学」で英語を習得。子供英会話講師、塾の英語教師、留学コーディネーターを経て、現在は「やりなおし英語JUKU」(http://evinet.biz/) を主宰。神戸と大阪で、学生から社会人まで「話せる英文法」指導に従事。
著書に『Mr. Evineのアルファベットから英語の基礎をなんとかするドリル』、『Mr. Evineの中学英文法を修了するドリル』、『Mr. Evineの中学英文法＋αで「話せる」ドリル』など多数。
Evineが主宰する教室に関するお問い合わせはinquiry@evinet.bizまで。

【書名】 **Mr. Evineの中学英文法クイック・チェック**
【発行日】 2013年8月15日（初版）

【著者】 Evine（恵比須大輔）
【編集】 英語出版編集部
【英文校正】 Peter Branscombe、Margaret Stalker
【AD・デザイン】 岡 睦（mocha design）
【イラスト（表紙・本文）】 アラタ・クールハンド
【DTP】 株式会社秀文社
【印刷・製本】 図書印刷株式会社
【発行者】 平本照麿
【発行所】 株式会社アルク
〒168-8611 東京都杉並区永福2-54-12
TEL：03-3327-1101　FAX：03-3327-1300
E-mail：csss@alc.co.jp　Website：http://www.alc.co.jp/

落丁本、乱丁本は弊社にてお取り替えいたしております。弊社カスタマーサービス部（電話：03-3327-1101　受付時間：平日9時〜17時）までご相談ください。
本書の全部または一部の無断転載を禁じます。著作権法上で認められた場合を除いて、本書からのコピーを禁じます。定価はカバーに表示してあります。

©2013　Evine (Daisuke Ebisu) / ALC Press Inc.
Noriyuki Arata
Printed in Japan.
PC：7013062
ISBN：978-4-7574-2294-0

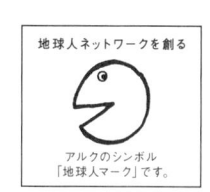

地球人ネットワークを創る

アルクのシンボル
「地球人マーク」です。